U0806236

2017年 中国种业发展报告

CROP SEED
INDUSTRY DEVELOPMENT REPORT IN CHINA

农 业 部 种 子 管 理 局
全国农业技术推广服务中心
农 业 部 科 技 发 展 中 心

中国农业出版社

编写委员会

主　编：周云龙　刘　信　朱　岩

副主编：谢　焱　王玉玺　宁明宇

编写人员（按姓氏笔画排序）：

马　强　马广华　马文慧　王　秋　王　敏　王亚鑫　王志敏
王闽东　王瑞雪　王韶红　王曙明　云白杨　方　沩　厉建萌
乐水芬　邢复章　任勤策　刘文武　刘春青　刘奎刚　刘海辉
刘海静　安　辉　孙　雯　孙海艳　杨　杨　杨　洋　李　燕
李小宁　李友强　李军民　李进伟　李彤超　李新海　肖世和
肖显超　吴　博　邱　军　何　蔚　何庆学　余晓慧　邹　奎
汪　燕　沈金雄　宋　敏　张冬晓　陈　西　陈　钧　陈　梦
陈　超　陈冬平　陈应志　陈阿琳　陈其俊　陈新康　范术丽
范会霞　罗　军　罗成凯　金石桥　金黎平　周玉堂　单志杰
赵　磊　赵国全　胡培松　钟　波　钟家富　莫　惠　晋　芳
郭力磊　郭慧杰　曹国勋　戚晓娴　宿丽丽　韩天赋　韩春凤
景　琦　傅　磊　储玉军　谢　彬　谢　嵘　廖　媛

目　录

正文附图

正文附表

概　述

2016年中央明确要求加快推进现代种业发展，大力推进育繁推一体化，提升种业自主创新能力，保障国家种业安全。种业改革政策频出，创新投入不断加大。同时，种业发展外部环境发生重大变化，种业要落实创新、协调、绿色、开放、共享的发展新理念，在农业供给侧结构性改革进程中勇当先行军。面对新形势新要求，种业人牢记习近平总书记“要下决心把民族种业搞上去”的嘱托，按照党中央、国务院的部署，瞄准加快建设种业强国目标，加快现代种业发展步伐，进一步增强自主创新能力，稳步提高企业竞争力，由过去“被动挤压”逐步转向“并跑赶超”，加快向中高端发展的历史新阶段迈进。

一、种业法制建设迈出新步伐

2016年是我国种业全面走向法治化建设的关键一年，新修订的《中华人民共和国种子法》（以下简称《种子法》）于2016年1月1日正式生效实施。新《种子法》体现了我国建设现代种业的客观要求，规定了新时期种业发展的基本制度遵循，为我国种业发展提供了更强有力的保证。农业部修订发布《农作物种子生产经营许可管理办法》《主要农作物品种审定办法》《农作物种子标签和使用说明管理办法》等核心配套规章，印发《农业部关于贯彻实〈种子法〉全面推进依法治种的通知》，组织全国种子管理体系大力宣传、认真贯彻新《种子法》及其配套规章，切实履行新《种子法》赋予的职责，推进种业体制改革，落实种业发展政策，强化管理队伍和能力建设，加大市场监管力度。全年检查企业9 300多个（次）、市场经营主体3.5万个（次），查处种子案件2 700多起，移送司法案件28起，惩处不法分子365名，营造了良好的法制环境，为我国种业持续、快速、健康发展提供了强有力的保障。

二、种业创新发展取得新突破

2016年，我国种业创新发展在多方面取得重大突破，种业核心竞争力进一步增强。种业科研成果权益改革实现了从“点上突破”到“面上铺开”转变，更多的科研人员获得种业成果权益，激发出科研人员创新活力。四大作物良种联合攻关机制进一步完善，政产学研结合的育种体系建立，充分发挥了我国集中力量办大事的制度优势，在机收籽粒玉米、高产优质大豆、抗赤霉病及节水小麦、优质抗病虫水稻品种选育上取得了突破。同时在关键性状基因发现、重要调控机理研究、新型育种技术应用、优异育种材料创制等方面取得明显进展。2016年，我国种业专利申请6 556件，专利授权3 786件；农业植物品种权申请量为2 523件，授权量为1 937件；国家审定主要农作物品种165个，省级审定主要农作物品种1 375个；通过第三次全国农作物种质资源普查与收集行动，收集种质资源11 973份，我国长期保存的种质资源达到481 617份。目前，我国自主选育品种面积占比达到95%，国产品种主导地位进一步增强。

三、供种保障水平大幅提高

2016年，国家大力推进优势种子基地建设。加大海南、甘肃、四川三大国家级育制种基地建设和杂交水稻、玉米制种大县奖励政策落实力度，启动首批区域性良种繁育基地认定，支持种子企业提升种子生产加工技术水平，制种单产和种子质量明显提高，实现了种子市场供应充足、质量可靠、价格稳定、救灾及时的目标，保证了农业生产的供种用种安全。全国种子市场总规模达到1 229.61亿元，其中，全国主要农作物种子（玉米、水稻、小麦、棉花、油菜、大豆、马铃薯）市值884.61亿元。主要农作物总用种量102.81亿千克，商品化率为71.52%，商品种子使用量73.53亿千克，分别比2015年增长1.72%、1.20%、2.94%。主要农作物种子质量抽检合格率保持在98%以上，主要农作物种子综合价格从2015年的11.76元/千克增长到12.03元/千克。全国杂交玉米制种面积410万亩*，总产14.65亿千克；杂交水稻制种面积163万亩，总产2.80亿千克；常规水稻、棉花、杂交油菜、大豆、马铃薯等制种生产保持稳定，良种供应充足。

四、企业实力水平稳步提升

2016年，种子企业转型升级、兼并重组步伐加快，衡量种子企业发展质量的一些重要指标

* 亩为非法定计量单位，15亩＝1公顷。

出现可喜变化。一是企业格局进一步优化。通过兼并重组和竞争淘汰，企业数量减少到4 316家，减少了344家；注册资本3 000万元以上的企业增加了177家，总数达1 543家；一批育繁推一体化大企业和区域性、特色化、专业型种子企业崛起，企业“多小散”的状况进一步改善。二是行业集中度快速提升。种业前5强种子销售收入69.7亿元，集中度从2015年的10.04%上升到10.71%；种业前5强实现净利润12.72亿元，占全行业净利润的比例高达19.33%。三是企业创新能力显著增强。企业高水平科研人员中，博士人数达到1 357人，比2015年增加86人；企业科研投入强度明显提升，规模企业科研投入总额达33.56亿元，占到了商品种子销售额的6.42%；前10强种子企业研发投入达到8.03亿元，占销售收入的7.57%，较上年提高1.09%，正快速接近国际种业的研发投入水平。企业科研产出成果显现，申请植物新品种权1 310件，占52%，数量已经超过科研单位；种子企业选育国审作物品种数为95个，占58%；企业选育省审作物品种数为614个，占45%。种子企业不仅是市场的主体，现在已经成为育种创新主体。四是种业吸引资本能力增强。主板和创业板的上市企业已达10家，新三板挂牌企业达42家，上市企业总市值超过千亿元。借助资本市场力量，上市企业加速种业兼并重组步伐，快速丰富了自身的产品线，拓宽了营销渠道，获得了强劲的发展动力。

第一篇　种业发展环境

一、宏观经济背景

（一）国际政治经济走向

2016年，世界多极化、经济全球化、文化多样化、社会信息化深入发展。国际金融危机的深层次影响持续显现，世界经济在深度调整中曲折复苏，全球经济增长率为近7年来的最低。主要经济体走势和宏观政策取向进一步分化，金融市场动荡不稳，大宗商品价格大幅波动，全球贸易持续低迷，贸易保护主义抬头，新兴经济体困难和风险明显加大。新一轮科技革命和产业变革蓄势待发，国际能源格局发生重大调整。全球治理体系深刻变革，发展中国家群体力量继续增强，国际力量对比逐步趋向平衡，国际投资贸易规则体系加快重构，多边贸易体制受到区域性高标准自由贸易体制挑战。局部地区地缘博弈更加激烈，传统安全威胁和非传统安全威胁交织，国际关系复杂程度前所未有。英国脱欧和美国大选使外部环境不稳定不确定因素明显增多，我国发展面临的外部风险和挑战加大。

（二）国内经济发展大势

2016年，我国经济保持持续较快发展，经济总量达到74.41万亿元，稳居世界第二位，人均国内生产总值增至49 351元（折合7 924美元），发展前景依然广阔，但提质增效、转型升级的要求更加紧迫。经济发展进入新常态，向形态更高级、分工更优化、结构更合理阶段演化的趋势更加明显。消费升级加快，市场空间广阔，物质基础雄厚，产业体系完备，资金供给充裕，人力资本丰富，创新累积效应正在显现，综合优势依然显著。新型工业化、信息化、城镇化、农业现代化深入发展，新的增长动力正在孕育形成，新的增长点、增长极、增长带不断成长壮大。全面深化改革和全面推进依法治国正释放新的动力、激发新的活力。同时，我国发展方式粗放，不平衡、不协调、不可持续问题仍然突出，经济增速换挡、结构调整阵痛、动能转换困难相互交织，面临稳增长、调结构、防风险、惠民生等多重挑战。有效需求乏力和有效供给不足并存，结构性矛盾更加凸显，传统比较优势减弱，创新能力不强，经济下行压力加大，财政收支矛盾更加突出，金融风险隐患增大。农业基础依然薄弱，部分行业产能过剩严重，商品房库存过高，企业效益下滑，债务水平持续上升。城乡区域发展不平衡，空间开发粗放低效，资源约束趋紧，生态环境恶化趋势尚未得到根本扭转。基本公共服务供给仍然不足，收入差距较大，人口老龄化加快，消除贫困任务艰巨。

（三）农业发展大环境

2016年，我国农业农村发展环境持续发生重大变化，既面临诸多有利条件，又必须加快破解各种难题。一方面，加快补齐农业农村短板成为全党共识，为开创“三农”工作新局面汇聚强大推动力；新型城镇化加快推进，为以工促农、以城带乡带来持续牵引力；城乡居民消费结构加快升级，为拓展农业农村发展空间增添巨大带动力；新一轮科技革命和产业变革正在孕育兴起，为农业转型升级注入强劲驱动力；农村各项改革全面展开，为农业农村现代化提供不竭源动力。另一方面，在经济发展新常态背景下，如何促进农民收入稳定较快增长，加快缩小城乡差距，确保如期实现全面小康，是必须完成的历史任务；在资源环境约束趋紧背景下，如何加快转变农业发展方式，确保粮食等重要农产品有效供给，实现绿色发展和资源永续利用，是必须破解的现实难题；在受国际农产品市场影响加深背景下，如何统筹利用国际国内两个市场、两种资源，提升我国农业竞争力，赢得参与国际市场竞争的主动权，是必须应对的重大挑战。

二、产业法规政策

（一）宏观经济政策

中央发布“十三五”规划纲要。2016年，是我国全面建成小康社会决胜阶段的开局之年，也是推进结构性改革的攻坚之年。党中央、国务院高瞻远瞩，总揽全局，及时对2016年及“十三五”时期国家发展大计进行了顶层设计和周密部署，发布了《中华人民共和国国民经济和社会发展第十三个五年规划纲要（2016—2020年）》（以下简称《纲要》）。《纲要》阐明了国家战略意图，体现了全国各族人民的共同愿景，明确了经济社会发展宏伟目标、主要任务和重大举措，为各行业和各市场主体提供了行为导向，为政府履行职责提供了基本遵循。《纲要》第四篇专论推进农业现代化，从增强农产品安全保障能力、构建现代农业经营体系、提高农业技术装备和信息化水平、完善农业支持保护制度展开。《纲要》中特别提到，要加快发展现代种业，开展良种重大科技攻关，实施新一轮品种更新换代行动计划，建设国家级育制种基地，培育壮大育繁推一体化的种业龙头企业。

中央发布1号文件。2016年，党中央、国务院持续高度重视“三农”工作，年初发出1号文件《中共中央国务院关于落实发展新理念 加快农业现代化实现全面小康目标的若干意见》，对“三农”工作进行了系统安排和全面部署。要求各地一定要切实增强做好“三农”工作的责任感、使命感、紧迫感，任何时候都不能忽视农业、忘记农民、淡漠农村，在认识的高度、重视的程度、投入的力度上保持好势头，始终把解决好“三农”问题作为全党工作重中之重，坚持强农惠农富农政策不减弱，推进农村全面小康建设不松劲。把坚持农民主体地位、增进农民福祉作为农村一切工作的出发点和落脚点，用发展新理念破解“三农”新难题，厚植农业农村发展优势，加大创新驱动力度，推进农业供给侧结构性改革，加快转变农业发展方式，保持农业稳定发展和农民持续增收，走产出高效、产品安全、资源节约、环境友好的农业现代化道路。文件指出要加快推进现代种业发展。大力推进育繁推一体化，提升种业自主创新能力，保障国家种业安全。深入推进种业领域科研成果权益分配改革，探索成果权益分享、转移转化和科研人员分类管理机制。实施现代种业建设工程和种业自主创新重大工程。全面推进良种重大科研联合攻关，培育和推广适应机械化生产、优质高产多抗广适新品种，加快主要粮食作物新一轮品种更新换代。

（二）种业法制建设

新修订的《种子法》于2016年1月1日起正式生效。农业部修订发布了《农作物种子生产经营许可管理办法》《主要农作物品种审定办法》《农作物种子标签和使用说明管理办法》等3个核心配套规章，并将2016年定为种子法宣传贯彻年，印发关于贯彻实施《种子法》全面推进依法治种的通知，组织编写种子法及其配套规章解读。

新修订《农作物种子生产经营许可管理办法》。以农业部2016年第5号令发布，自2016年8月15日起施行。办法根据新《种子法》有关规定，按照简政放权、鼓励创新、强化事中事后监管等原则，主要做了以下修改：一是种子生产和种子经营许可证“两证合一”。二是取消注册资本和固定资产的数额要求，适当降低了许可硬件条件，增加了品种要求条件。三是实行选育生产经营相结合的种子生产经营许可证改为由省级农业主管部门核发，主要农作物常规种原种种子经营许可证改为由企业所在地县级以上地方农业主管部门核发。四是规定种子生产经营许可证设主证、副证，副证注明生产种子的易变动事项，以便企业变更相关内容；明确许可证载明的有效区域为企业设立分支机构的区域，种子生产地点和种子销售活动不受种子生产经营许可证载明的有效区域限制，但种子生产地应无检疫性有害生物，种子的终端销售地应当在品种审定、品种登记或标签标注的适宜区域内。五是按照可追溯的原则，要求种子生产经营者建立包括种子田间生产、加工包装、销售流通等环节形成的原始记载或凭证的种子生产经营档案，新增了三类无需办理许可的种子生产经营者的备案义务和备案内容。办法还对无需许可而可在当地集贸市场上出售、串换个人剩余自繁自用常规种子的农民条款进行了身份、区域和数量的规定。

新修订《主要农作物品种审定办法》。以农业部2016年第4号令发布，自2016年8月15日起施行。办法按照公正、公开、科学、效率的原则，着眼于产量、品质、抗性等性状的提高与协调，着眼于适应市场和生活消费的需求修订。一是拓宽品种试验渠道，将绿色通道试验由国家级拓展到省级并覆盖所有审定作物；允许有试验能力的企业、科研单位组成联合体开展自有品种试验，试验纳入国家或省级试验管理；允许申请者对自有品种自行开展生产试验。二是缩短试验审定时间，对于区域试验第1个生产周期表现突出的品种，允许第2个生产周期区域试验与生产试验同步进行；特殊用途品种生产试验可与第2个生产周期区域试验合并进行。三是公开透明试验审定过程，从试验安排到品种审定全过程公开，接受社会监督，并邀请申请者参与试验工作主要环节，要求品种审定委员会建立审定档案，保证可追溯。四是简化引种程序，将通过一个省审定的品种，引种到同一适宜生态区的其他省，由需要报相应省级农业主管部门批准同意修改为备案，大大降低了引种的难度。五是明确试验审定工作主体责任，品种试验、测试、鉴定承担单位和个人对试验数据真实性负责，绿色通道、联合体自行开展试验的，对各自试验数据的真实性负责；引种者对其所引品种的真实性、安全性和适应性负责。六是新增DUS测试要求，申请审定的品种，必须同时具备DUS测试报告，证明其特异性。

新修订《农作物种子标签和使用说明管理办法》。以农业部2016年第6号令发布，自2017年1月1日起施行。办法按照真实、易识别、可追溯、便于操作和责任界定的原则修订，主要体现在以下几个方面。一是强化真实性要求，明确了种子生产经营者对标注内容的真实性和种子质量负责，种子使用者因种子标签和使用说明标注的内容不真实，造成损失的，种子使用者据此要求赔偿。二是强化完整性要求，规定标签标注内容和使用说明中，须注明种子贮藏条件以及使用中可能出现风险的提示及注意事项，让用种者有更充分的知情权。三是强化严谨性要求，标签在标注品种名称时不得在品种名称前后增加修饰性文字，不得印制引人误解的文字或图案。四是强化可追溯性要求，种子标签必须包含信息代码，并且对信息代码的内容和形式作出具体要求，同时发布了信息代码的编码规则，以确保市场经营种子能全程可追溯。

（三）种业政策措施

一是深化种业人才发展和科研成果权益改革。按照中央1号文件要求，为加快落实种业科研成果转化收益、科技人员兼职取酬等制度规定，农业部联合科技部、财政部、教育部、人社部出台《关于扩大种业人才发展和科研成果权益改革试点工作的指导意见》，将种业人才发展和科研成果权益改革工作在全国范围推开。

二是强化四大作物良种科研联合攻关。为加快提升我国主要粮食作物品种创新能力，实现藏粮于技，农业部在继续实施玉米、大豆良种重大科研联合攻关试点基础上，开展水稻、小麦良种重大科研联合攻关试点，印发了《水稻良种重大科研联合攻关试点实施方案》《小麦良种重大科研联合攻关试点实施方案》《2016年玉米良种重大科研联合攻关试点实施方案》《2016年大豆良种重大科研联合攻关试点实施方案》，要求全力做好良种联合攻关各项工作。

三是强化国家育制种基地建设。2016年国家发改委批复国家杂交水稻制种基地（四川）建设项目可行性研究报告。中央财政新安排3.3亿元投资加强海南、甘肃、四川三大基地建设，其中南繁基地完成26.8万亩保护区划定、上图入库及核心区土地确权。农业部联合财政部在2016年继续采取竞争择优、滚动支持的方式，实施35个育制种大县奖励政策，新增奖励大县15个，奖补资金增至4亿元。此外，为强化区域性良种繁育基地保护和建设，提升农作物供种保障能力，农业部启动第一批区域性良种繁育基地认定工作，首批认定范围包括杂交小麦、马铃薯、棉花、大豆、油菜、蔬菜、西甜瓜、柑橘、苹果、甘蔗、梨、葡萄、桃、茶等作物种子基地，以及冬繁夏繁等特色育制种基地。

四是强化种业发展金融政策支持，推动企业走出去。农业部会同人民银行等5部门联合印发《关于做好现代种业发展金融服务的指导意见》，部署落实金融支持现代种业发展的政策措施，培育壮大育繁推一体化企业。为加快企业“走出去”，农业部组织修订了杂交水稻、棉花种质资源对外提供分类原则和目录，调整出口管理规定，允许符合条件的育繁推一体化企业经审批带资源、带技术“走出去”，结合当地资源，在境外就地开展本土化研发推广，开拓国际市场。

三、种业担当重任

（一）农业供给侧结构改革迫切需要率先优化作物品种结构

推进农业供给侧结构改革，加快优良特色品种选育是关键，保障充足种源供应是基础。破解以玉米为代表的“三多”叠加、结构性过剩等问题，推动粮食、经济和特色作物均衡发展，必须在供种源头上先行调整，优化品种的作物布局和区域布局。利用作物资源丰富优势，以粮油糖、菜果茶、蚕桑麻等作物为重点，筛选推广一批有市场的特色品种，形成地方特色产业和优势产区，缓解农产品结构性矛盾，带动农业增效、农民增收。

（二）促进农业绿色发展迫切需要在挖掘良种潜力上率先突破

推动农业绿色发展，首先要选育节肥节水节药及适应机械化、轻简化的品种。一是在抗性育种上找潜力。生产上亟待解决的小麦赤霉病、稻瘟病、马铃薯晚疫病等重大病虫害和抗旱节水等问题，都要从良种上求突破。二是在适应机械化、轻简化上找潜力。我国玉米、水稻、小麦的种植效益普遍下降，国际竞争力弱，一个主要的原因是劳动力成本大幅上升，必须在品种适宜机械化和轻简化上下功夫。三是在专用品质上找潜力。优质优价将是市场铁律，品种决定产品的专用品质，种业必须按照市场需求调整育种目标。

（三）创新驱动农业发展迫切需要率先增强种业创新动能

种子是现代农业科技的集中载体，必须把加快培育种业发展新动能摆在优先位置。一是加强基础研究。遵循种业科研专注性、长期性、系统性特点，加快前沿学科发展，为理论创新、技术突破奠定基础，再造像杂交水稻一样的重大成果。二是创新体制机制。重点是科技人才激励上，调动创新积极性；科技资源配置上发挥市场决定性作用，推动成果公开转化；科研攻关方式上坚持政产学研用结合，建立一体化创新机制。三是发展“互联网+”种业。推动种业与信息化融合，利用互联网、遥感、数字等技术推动种业创新，改造传统运行模式，形成线上线下相互促进、并行发展的新格局。

第二篇　种业科技创新

一、科技创新成果

（一）种业专利

1. 总体概况

2016年，我国公开种业专利申请6 556件，与2015年相比增加128件，增长幅度达2.00%。其中，发明专利申请4 386件，占申请总量的66.90%，同比增加371件；实用新型专利申请2 170件，占申请总量的33.10%，同比减少243件（图2-1）。

本年度我国授权种业专利3 786件，与2015年相比增加43件。其中，发明专利授权1 652件，占授权总量的43.63%，同比增加322件；实用新型专利授权2 134件，占授权总量的56.37%，同比减少279件（图2-2）。

2. 技术领域分布

本年度种业专利的申请与授权数量在传统育种、现代育种和种业加工3个技术领域的分布见图2-3。与2015年相比，从专利申请量来看，现代育种和种业加工领域的专利申请量有所增加，而传统育种的申请量下降了49.45%；从专利授权数量来看，现代育种和种业加工的授权量有小幅度增加，而传统育种授权量有所下降。

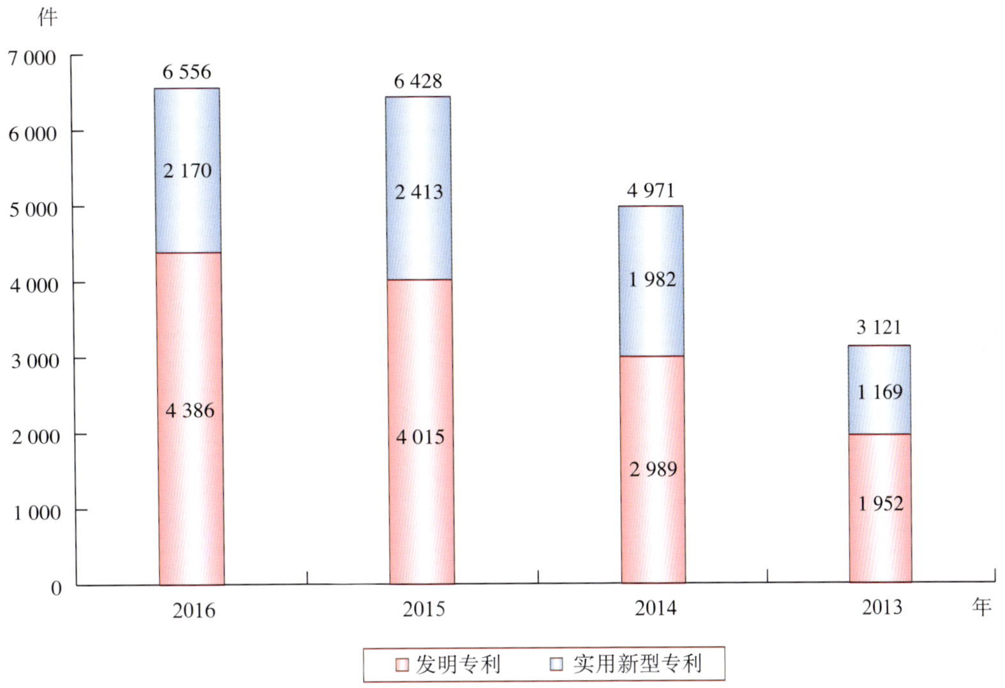

图2-1　2013—2016年种业专利申请情况

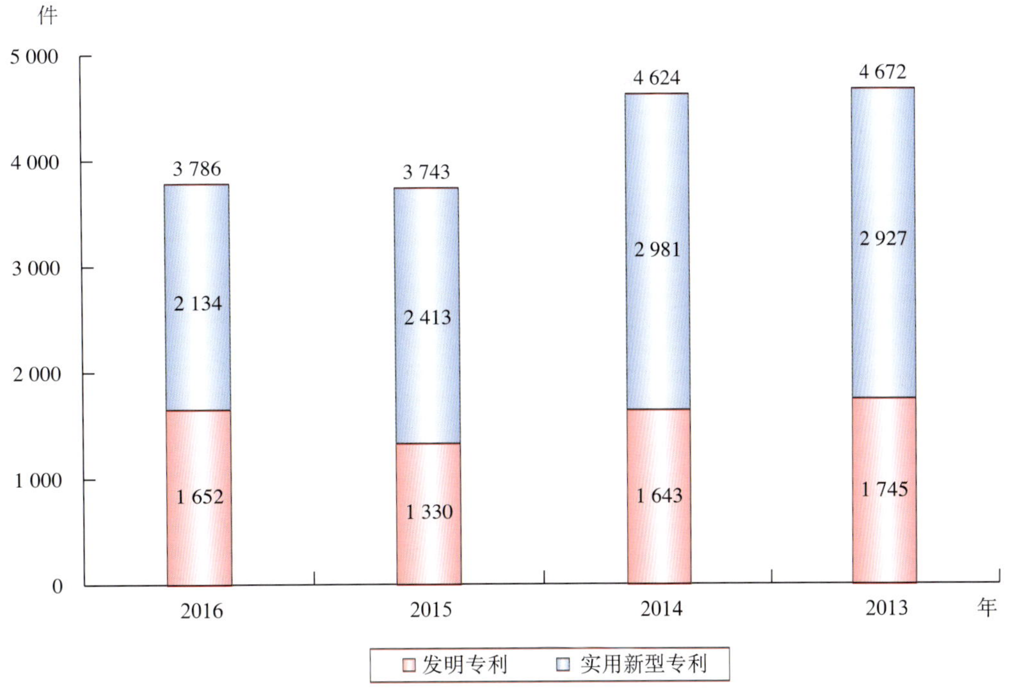

图2-2　2013—2016年种业专利授权情况

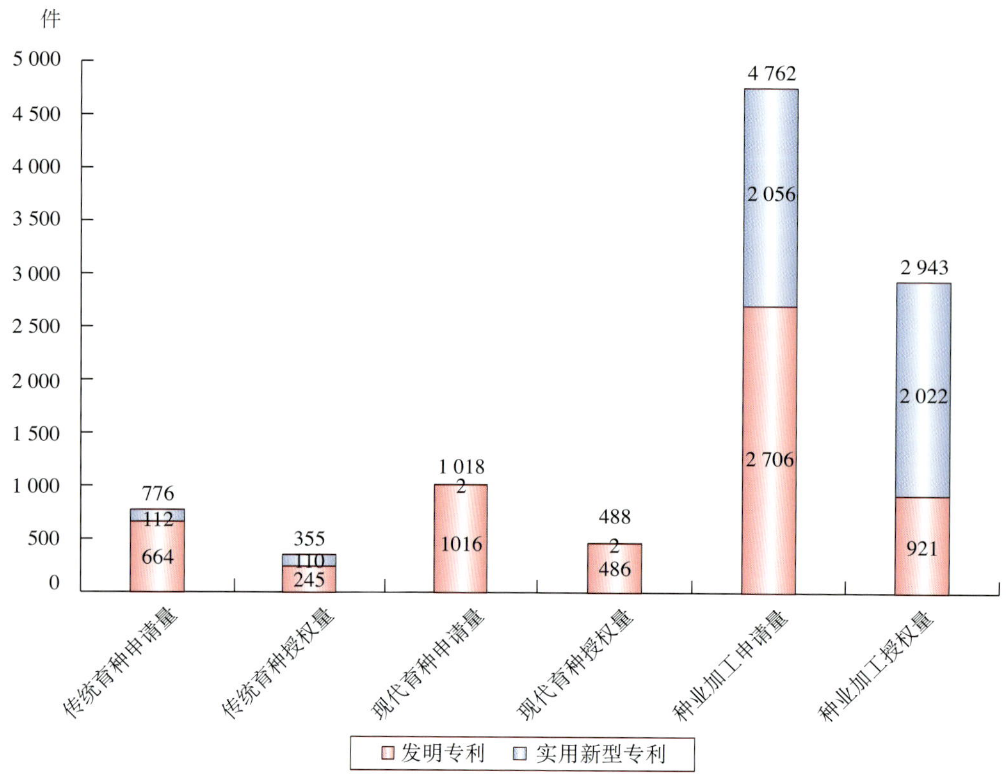

图2-3　种业专利技术领域分布情况

3．专利主体分布

2016年，在公开的种业专利申请中，企业居首位，申请量为2 773件，与2015年相比增加474件，企业占申请总量的42.30%。

2016年，在获得授权的专利中，教学科研单位居首位，获得授权量为1 519件，比2015年增加了51件，企业占到授权总量的40.12%。具体分布情况见图2-4。

4. 国别分布

2016年，国内主体申请种业专利6 284件，占申请总量的95.85%，获得授权种业专利3 554件，占授权总量的93.87%。国外主体共申请种业专利272件，占申请总量的4.15%，获得授权专利232件，占授权总量的6.13%。其中，来自日本的申请量和授权量最多，分别为89件和99件。具体分布情况见图2-5。

5. 国内地域分布

2016年申请与获得种业专利的国内主体前十位的省份见表2-1，分别占国内总量的64.08%和61.87%。专利申请量在500件以上的有安徽省、山东省和江苏省。专利授权量在300件以上的有山东省和江苏省。

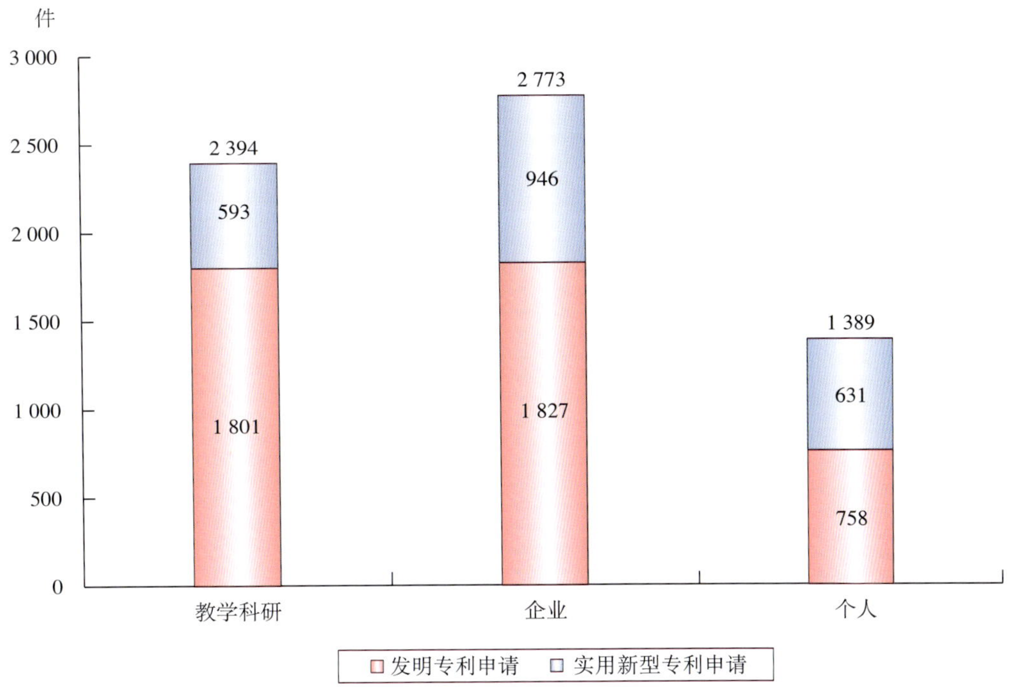

a. 不同主体专利申请数量分布情况

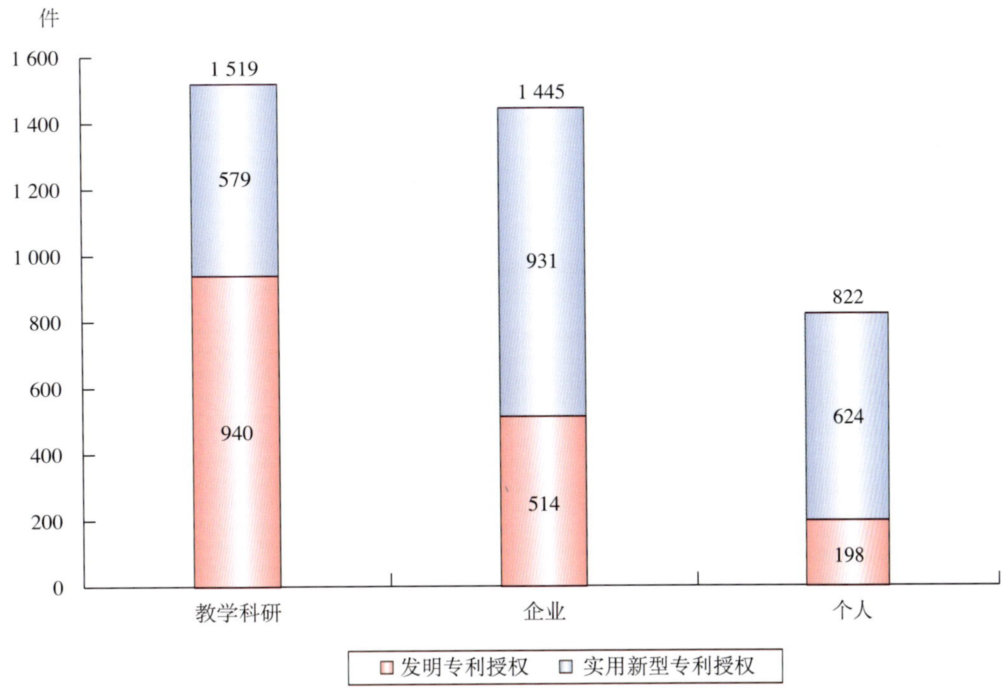

b. 不同主体专利授权数量分布情况

图2-4 2016年各主体申请与获得专利数量分布情况

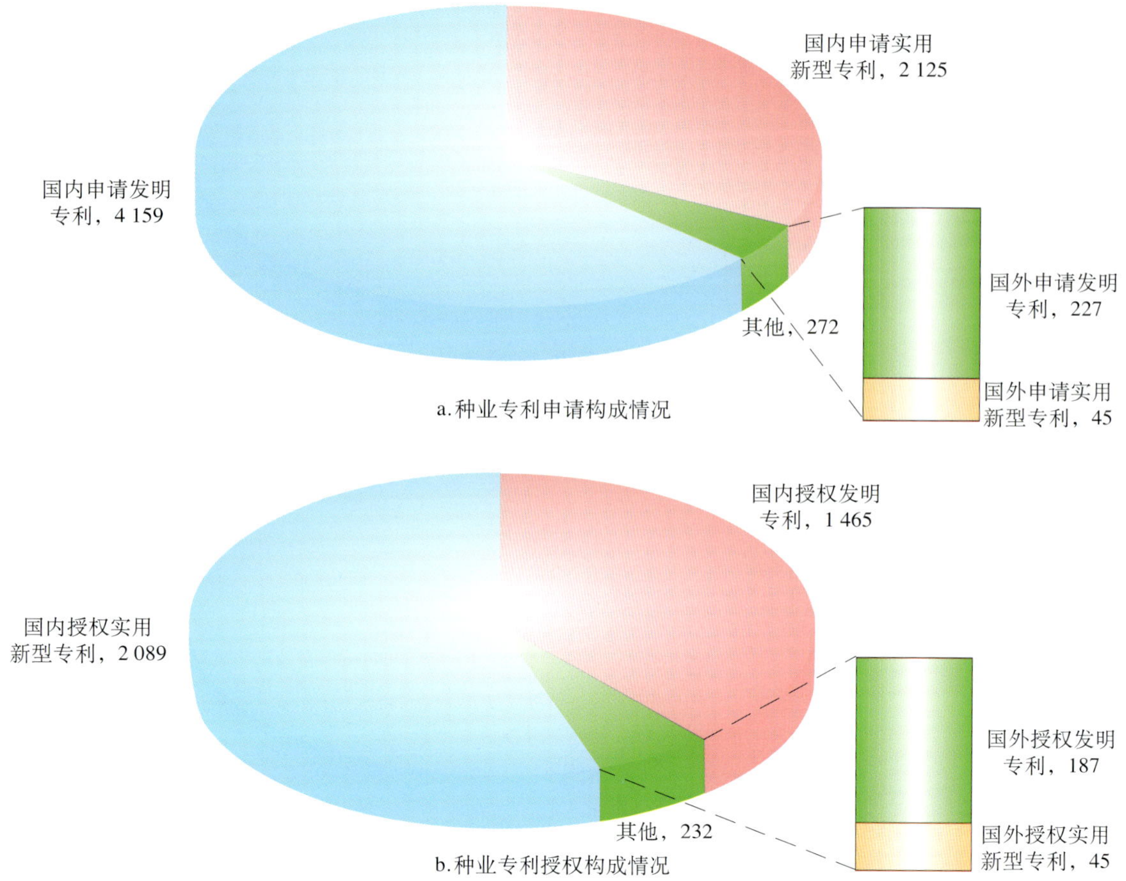

图2-5 种业专利国别分布情况（单位：件）

表2-1 专利量前10位省份分布

省份	申请量（件）			省份	授权量（件）		
	总量	发明	新型		总量	发明	新型
安徽	872	744	128	山东	316	113	203
山东	550	344	206	江苏	309	166	143
江苏	516	367	149	浙江	279	125	154
北京	363	329	34	安徽	259	133	126
浙江	360	199	161	北京	215	183	32
重庆	318	155	163	重庆	193	31	162
广西	297	273	24	黑龙江	183	25	158
黑龙江	292	132	160	河南	160	56	104
四川	232	131	101	四川	144	44	100
河南	227	121	106	福建	141	40	101

（二）种业科技论文

本年度，中国科学家在作物遗传育种研究领域取得了诸多进展，在国际各大著名学术刊物上发表了众多高水平的科技论文，其中在30本影响因子4.0以上的涉及作物遗传育种领域的期刊上发表论文共计648篇（包含Article和Letter）。在一流期刊*NATURE GENETICS*（影响因子31.616）发文10篇、*CELL*（影响因子28.71）发文3篇。我国科学家发表的主要期刊分布如图2-6所示。

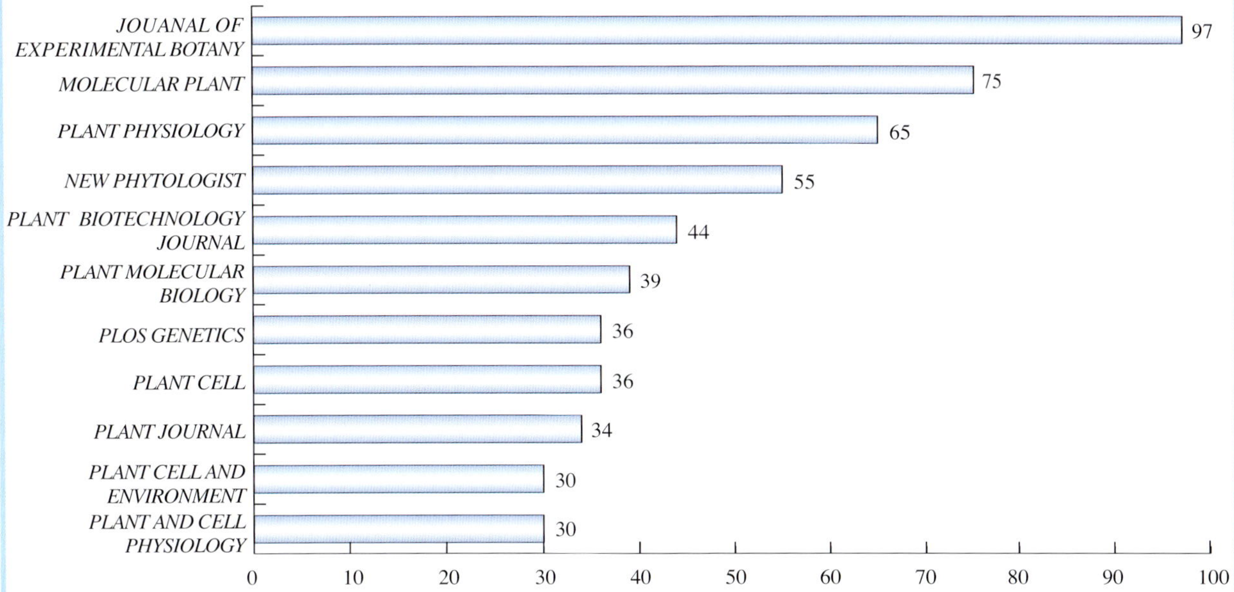

图2-6 主要期刊分布（单位：篇）

1. 论文涉及主要作物类型分布

在上述发表的648篇论文中，我国科学家研究的主要作物除模式植物拟南芥外，水稻占绝对优势，其相关研究论文数占论文总数的22.53%。具体研究作物类型分布情况见图2-7。

2. 发表论文的研究机构分布

2016年，作物遗传育种领域我国主要科技论文发表机构分布如图2-8所示，其中中国科学院以250篇居首位，占总量的38.58%。

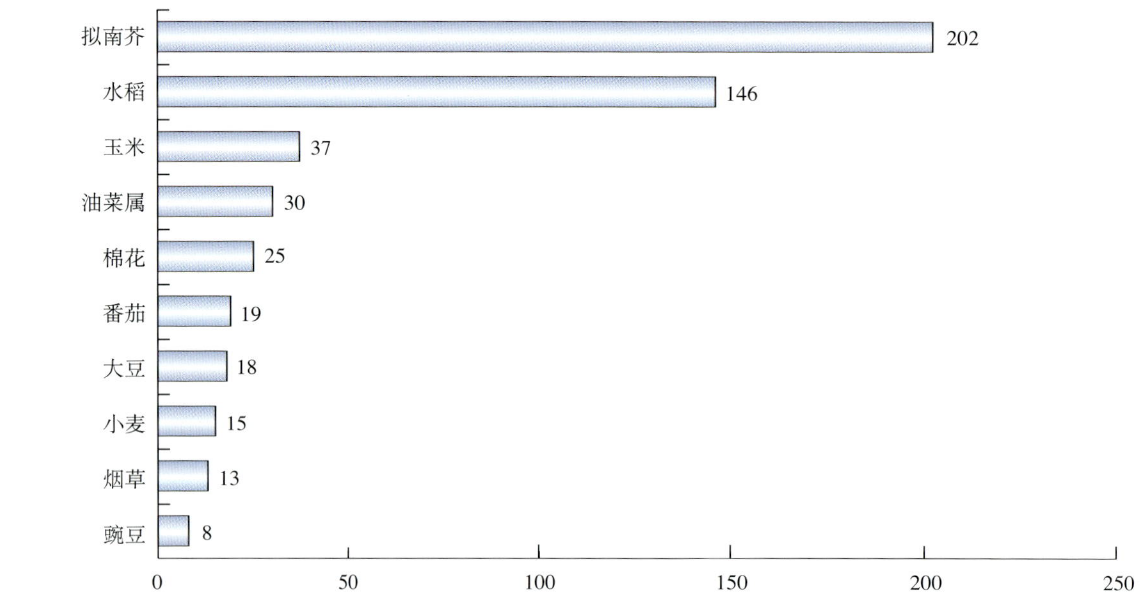

图2-7 主要研究作物类型分布（单位：篇）

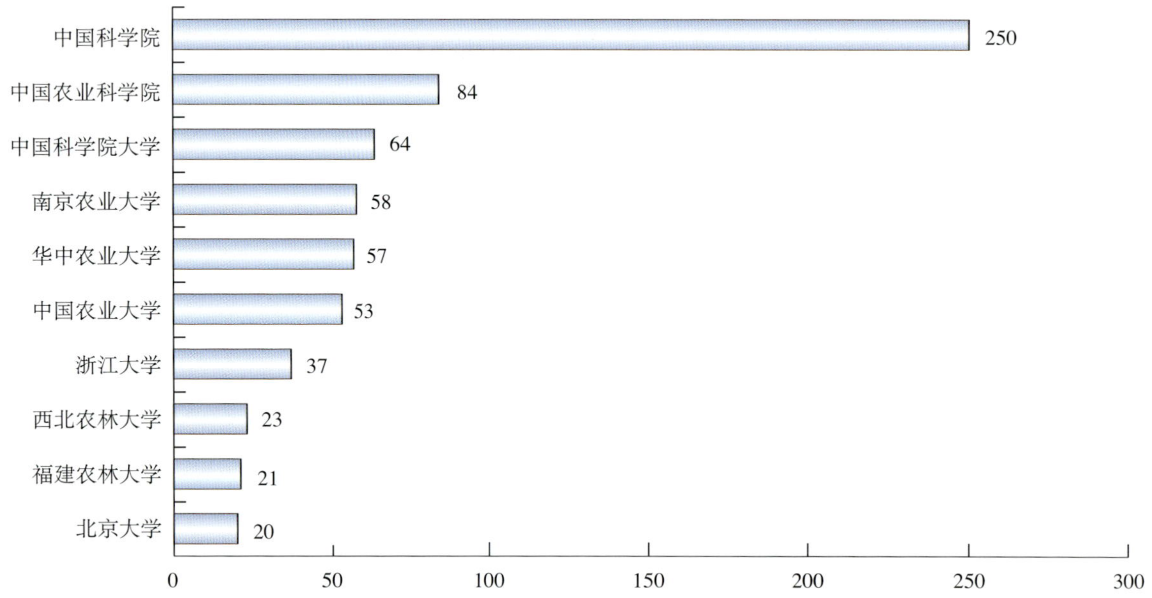

图2-8 主要发表论文机构分布（单位：篇）

（三）审定新品种

2016年，通过国家审定的主要农作物品种[1]165个，与2015年相比增加23个。其中，水稻66个、玉米34个、小麦34个、棉花13个、大豆13个、油菜5个，马铃薯未审定国审品种。2016年国审品种名录见表2-2。

表2-2　2016年国审品种名录

1. 稻品种

审定编号	品种名称	育种者
国审稻2016001	泸优华占	江西先农种业有限公司
国审稻2016002	C两优华占	湖南金色农华种业科技有限公司
国审稻2016003	天优812	湖南亚华种业科学院、广东省农业科学院水稻研究所
国审稻2016004	两优3917	垦丰长江种业科技有限公司
国审稻2016005	早丰优107	北京金色农华种业科技有限公司、广东省农业科学院水稻研究所
国审稻2016006	煜两优22	江西博大种业有限公司、湖南亚华种业科学研究院、中国科学院遗传与发育生物学研究所、中国水稻研究所
国审稻2016007	中两优206	中国水稻研究所
国审稻2016008	两优27	湖北荆楚种业股份有限公司
国审稻2016009	泸优257	四川农业大学水稻所
国审稻2016010	内5优907	四川丰禾种业有限公司
国审稻2016011	德优4923	中国种子集团有限公司、四川省农业科学院水稻高粱研究所
国审稻2016012	龙优450	四川西科种业股份有限公司
国审稻2016013	内6优138	垦丰长江种业科技有限公司、绵阳市农业科学研究院
国审稻2016014	鹏两优713	深圳市兆农农业科技有限公司
国审稻2016015	旌6优727	武汉武大天源生物科技股份有限公司
国审稻2016016	Q6优28	重庆中一种业有限公司
国审稻2016017	G优429	贵州卓豪农业科技有限公司
国审稻2016018	繁优609	重庆帮豪种业有限责任公司
国审稻2016019	成丰优918	仲衍种业股份有限公司
国审稻2016020	德香优146	四川国豪种业股份有限公司
国审稻2016021	内5优768	西南科技大学水稻所、内江杂交水稻科技开发中心
国审稻2016022	晶两优华占	袁隆平农业高科技股份有限公司、中国水稻研究所
国审稻2016023	禾两优348	重庆市为天农业有限责任公司、贵州禾睦福种子有限公司
国审稻2016024	泸优727	四川省农业科学院水稻高粱研究所
国审稻2016025	文优198	文山州农业科学院、云南隆瑞种业有限公司
国审稻2016026	创两优4418	江西天涯种业有限公司
国审稻2016027	富两优919	安徽省蓝田农业开发有限公司
国审稻2016028	荃优丝苗	安徽荃银高科种业股份有限公司、广东省农业科学院水稻研究所

1　为保持年际间数据的连续性，本报告所指主要农作物仍然包括水稻、小麦、玉米、大豆、棉花、油菜、马铃薯等7种作物。

（续）

审定编号	品种名称	育种者
国审稻2016029	建两优117	湖南金健种业科技有限公司
国审稻2016030	深两优136	湖南大农种业科技有限公司
国审稻2016031	两优671	安徽省农业科学院水稻研究所
国审稻2016032	两优820	安徽华韵生物科技有限公司、重庆市瑞丰种业有限责任公司
国审稻2016033	广两优2388	长沙利诚种业有限公司
国审稻2016034	鹏两优332	江西科源种业有限公司
国审稻2016035	和两优332	清华大学深圳研究生院、深圳市兆农农业科技有限公司
国审稻2016036	徽两优001	安徽理想种业有限公司、安徽省农业科学水稻研究所
国审稻2016037	隆两优1141	袁隆平农业高科技股份有限公司
国审稻2016038	深两优1号	湖南民生种业科技有限公司
国审稻2016039	广两优7217	中国水稻研究所、中国科学院遗传与发育生物学研究所
国审稻2016040	惠两优7408	武汉惠华三农种业有限公司
国审稻2016041	吉优353	南昌市德民农业科技有限公司、广东省农业科学院水稻研究所
国审稻2016042	深优9577	南宁市沃德农作物研究所
国审稻2016043	永丰优9802	广东粤良种业有限公司
国审稻2016044	Y两优900	创世纪种业有限公司
国审稻2016045	隆两优华占	袁隆平农业高科技股份有限公司、中国水稻研究所
国审稻2016046	荣优华占	广东省农业科学院水稻研究所、中国水稻研究所、江西先农种业有限公司
国审稻2016047	金粳667	江苏省金地种业科技有限公司、天津市金泰种业有限公司
国审稻2016048	圣稻18	山东省水稻研究所
国审稻2016049	津稻565	天津市水稻研究所
国审稻2016050	淮稻20	江苏徐淮地区淮阴农业科学研究所
国审稻2016051	粮粳10	新疆九禾种业有限责任公司
国审稻2016052	天隆优619	天津天隆种业科技有限公司
国审稻2016053	松辽838	公主岭市松辽农业科学研究所
国审稻2016601	晶两优1212	袁隆平农业高科技股份有限公司、广东省农业科学院水稻研究所、湖南隆平高科种业科学研究院有限公司
国审稻2016602	晶两优华占	袁隆平农业高科技股份有限公司、中国水稻研究所、湖南亚华种业科学研究院
国审稻2016603	隆两优534	袁隆平农业高科技股份有限公司、广东省农业科学院水稻研究所、深圳隆平金谷种业有限公司、湖南亚华种业科学研究院
国审稻2016604	隆两优黄莉占	袁隆平农业高科技股份有限公司、广东省农业科学院水稻研究所、深圳隆平金谷种业有限公司、湖南隆平高科种业科学研究院有限公司
国审稻2016605	晶两优534	袁隆平农业高科技股份有限公司、广东省农业科学院水稻研究所、深圳隆平金谷种业有限公司、湖南隆平高科种业科学研究院有限公司
国审稻2016606	隆两优1206	袁隆平农业高科技股份有限公司、广东省农业科学院水稻研究所、湖南隆平高科种业科学研究院有限公司

（续）

审定编号	品种名称	育种者
国审稻2016607	隆两优1146	袁隆平农业高科技股份有限公司、湖南隆平高科种业科学研究院有限公司
国审稻2016608	晶两优1377	袁隆平农业高科技股份有限公司、广东省农业科学院水稻研究所、深圳隆平金谷种业有限公司、湖南隆平高科种业科学研究院有限公司
国审稻2016609	隆两优1988	袁隆平农业高科技股份有限公司、湖南隆平高科种业科学研究院有限公司
国审稻2016610	隆两优3463	袁隆平农业高科技股份有限公司、湖南隆平种业有限公司、湖南隆平高科种业科学研究院有限公司
国审稻2016611	隆两优149	袁隆平农业高科技股份有限公司、湖南隆平高科种业科学研究院有限公司
国审稻2016612	隆两优1319	袁隆平农业高科技股份有限公司、湖南隆平高科种业科学研究院有限公司
国审稻2016613	隆优4945	袁隆平农业高科技股份有限公司、湖南隆平种业有限公司、湖南隆平高科种业科学研究院有限公司

2.玉米品种

审定编号	品种名称	育种者
国审玉2016001	陕单609	西北农林科技大学
国审玉2016002	延科288	延安延丰种业有限公司、赵汉福
国审玉2016003	华美2号	恒基利马格兰种业有限公司
国审玉2016004	甜糯182	山西省农业科学院高粱研究所
国审玉2016005	佳彩甜糯	万全县万佳种业有限公司
国审玉2016006	鲜玉糯5号	海南省农业科学院粮食作物研究所
国审玉2016007	珠玉糯1号	珠海市现代农业发展中心
国审玉2016008	万糯2000	河北省万全县华穗特用玉米种业有限责任公司
国审玉2016009	农科玉368	北京市农林科学院玉米研究中心、北京华奥农科玉育种开发有限责任公司
国审玉2016010	金糯102	北京金农科种子科技有限公司
国审玉2016011	桂甜糯525	广西壮族自治区农业科学院玉米研究所
国审玉2016012	苏科糯10号	江苏省农业科学院粮食作物研究所
国审玉2016013	美玉9号	海南绿川种苗有限公司
国审玉2016014	金冠218	北京中农斯达农业科技开发有限公司、北京四海种业有限责任公司
国审玉2016015	石甜玉1号	石家庄市农林科学研究院
国审玉2016016	ND488	中国农业大学
国审玉2016017	郑甜66	河南省农业科学院粮食作物研究所
国审玉2016018	粤甜22	广东省农业科学院作物研究所
国审玉2016019	仲鲜甜3号	仲恺农业工程学院作物研究所
国审玉2016020	金谷103	沈阳金色谷特种玉米有限公司
国审玉2016021	沈爆5号	沈阳农业大学特种玉米研究所
国审玉2016022	佳蝶117	沈阳特亦佳玉米科技有限公司
国审玉2016023	申科爆1号	上海市农业科学院作物育种栽培研究所、上海农科种子种苗有限公司

（续）

审定编号	品种名称	育种者
国审玉2016024	沈爆8号	沈阳农业大学特种玉米研究所
国审玉2016025	京科甜533	北京市农林科学院玉米研究中心
国审玉2016601	隆平208	安徽隆平高科种业有限公司
国审玉2016602	农华106	北京金色农华种业科技股份有限公司
国审玉2016603	垦沃6号	北大荒垦丰种业股份有限公司
国审玉2016604	富尔931	齐齐哈尔市富尔农艺有限公司
国审玉2016605	大民3301	大民种业股份有限公司
国审玉2016606	屯玉556	北京屯玉种业有限责任公司
国审玉2016607	东单1331	辽宁东亚种业有限公司
国审玉2016608	德单1002	北京德农种业有限公司
国审玉2016609	秋乐126	河南秋乐种业科技股份有限公司

3. 小麦品种

审定编号	品种名称	育种者
国审麦2016001	国豪麦3号	四川国豪种业股份有限公司
国审麦2016002	苏麦11	江苏丰庆种业科技有限公司
国审麦2016003	扬麦25	江苏里下河地区农业科学研究所
国审麦2016004	华麦6号	江苏省大华种业集团有限公司
国审麦2016005	亿麦9号	安徽绿亿种业有限公司
国审麦2016006	周麦30	周口市农业科学院
国审麦2016007	德研8号	河南德宏种业股份有限公司
国审麦2016008	冠麦1号	河南华冠种业有限公司
国审麦2016009	洛麦29	洛阳农林科学院
国审麦2016010	保麦6号	江苏保丰集团公司
国审麦2016011	许科129	河南省许科种业有限公司
国审麦2016012	烟农999	山东省烟台市农业科学研究院
国审麦2016013	郑麦379	河南省农业科学院小麦研究所
国审麦2016014	郑品麦8号	河南金苑种业有限公司
国审麦2016015	圣源619	河南圣源种业有限公司

（续）

审定编号	品种名称	育种者
国审麦2016016	豫教6号	河南教育学院小麦育种研究中心、孝感市农业科学院、河南滑丰种业科技有限公司
国审麦2016017	轮选99	中国农业科学院作物科学研究所
国审麦2016018	中研麦1号	连云港市苏乐种业科技有限公司
国审麦2016019	中育1123	中棉种业科技股份有限公司
国审麦2016020	中原18	河南锦绣农业科技有限公司
国审麦2016021	邢麦13	邢台市农业科学研究院
国审麦2016022	邯麦17	邯郸市农业科学院
国审麦2016023	冀麦325	河北省农林科学院粮油作物研究所
国审麦2016024	山农29	山东农业大学
国审麦2016025	衡S29	河北省农林科学院旱作农业研究所
国审麦2016026	冀麦418	河北省农科院粮油作物研究所
国审麦2016027	青麦6号	青岛农业大学
国审麦2016028	中麦1062	中国农业科学院作物科学研究所
国审麦2016029	航麦247	中国农业科学院作物科学研究所
国审麦2016030	京花11	北京杂交小麦工程技术研究中心
国审麦2016031	津强10号	天津市农作物研究所、天津市国瑞谷物科技发展有限公司
国审麦2016032	北麦15	黑龙江省农垦总局九三农业科学研究所、北大荒垦丰种业股份有限公司
国审麦2016033	克春11	黑龙江省农业科学院克山分院
国审麦2016034	克春12	黑龙江省农业科学院克山分院

4. 棉花品种

审定编号	品种名称	育种者
国审棉2016001	银兴棉28	山东银兴种业股份有限公司
国审棉2016002	硕丰棉1号	保定硕丰农产股份有限公司
国审棉2016003	中棉所100	中国农业科学院棉花研究所
国审棉2016004	瑞棉1号	济南鑫瑞种业科技有限公司、中国农业科学院生物技术研究所
国审棉2016005	瑞杂818	济南鑫瑞种业科技有限公司、中国农业科学院生物技术研究所
国审棉2016006	锦科707	新乡市锦科棉花研究所、中国农业科学院生物技术研究所
国审棉2016007	宁棉2号	江苏神农大丰种业科技有限公司

（续）

审定编号	品种名称	育种者
国审棉2016008	国欣棉16	河间市国欣农村技术服务总会、中国农业科学院生物技术研究所
国审棉2016009	Z1112	新疆生产建设兵团第七师农业科学研究所、新疆锦棉种业科技股份有限公司
国审棉2016010	新石K18	新疆石河子棉花研究所
国审棉2016011	J206-5	新疆金丰源种业股份有限公司
国审棉2016012	创棉501	创世纪种业有限公司
国审棉2016013	中棉所99	中国农业科学院棉花研究所

5. 大豆品种

审定编号	品种名称	育种者
国审豆2016001	合农95	黑龙江省农业科学院佳木斯分院
国审豆2016002	垦农23	黑龙江八一农垦大学农学院
国审豆2016003	垦豆39	北大荒垦丰种业股份有限公司、黑龙江省农垦科学院农作物开发研究所
国审豆2016004	吉农45	吉林农业大学农学院
国审豆2016005	吉育206	吉林省农业科学院
国审豆2016006	合农97	黑龙江省农业科学院佳木斯分院
国审豆2016007	辽豆32	辽宁省农业科学院作物研究所
国审豆2016008	吉农44	吉林农业大学
国审豆2016009	阜豆15	阜阳市农业科学院
国审豆2016010	圣豆5号	山东圣丰种业科技有限公司
国审豆2016011	潍豆10号	山东省潍坊市农业科学院
国审豆2016012	泉豆5号	泉州市农业科学研究所
国审豆2016013	华夏10号	华南农业大学农学院、山东圣丰种业科技有限公司

6. 油菜品种

审定编号	品种名称	育种者
国审油2016001	徽豪油12	安徽国豪农业科技有限公司
国审油2016002	浙油33	浙江省农业科学院作物与核技术利用研究所
国审油2016003	宁杂1838	江苏省农业科学院经济作物研究所
国审油2016004	绿油218	安徽绿雨种业股份有限公司
国审油2016005	德徽油9号	安徽盛创农业科技有限公司

通过省级审定的主要农作物品种1 375个，同比减少102个。其中稻475个、小麦132个、玉米524个、棉花37个、大豆93个、油菜62个、马铃薯52个（图2-9）。

各省份审定的主要农作物品种数量见表2-3。

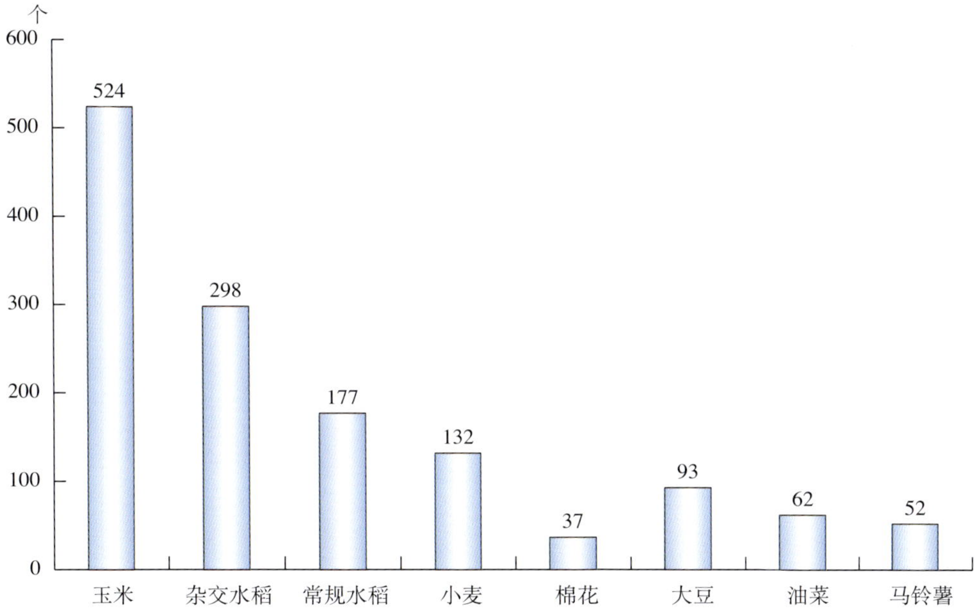

图2-9　各主要农作物省级审定品种数量

表2-3　各省份审定农作物品种数量

省　份	省审品种数（个）	占总数比（%）	省　份	省审品种数（个）	占总数比（%）
安徽省	181	13.16	海南省	38	2.76
广东省	120	8.73	福建省	35	2.55
吉林省	98	7.13	河南省	31	2.25
黑龙江省	90	6.55	江苏省	28	2.04
内蒙古自治区	90	6.55	浙江省	25	1.82
河北省	69	5.00	新疆维吾尔自治区	23	1.67
四川省	58	4.22	宁夏回族自治区	20	1.45
山东省	58	4.22	重庆市	18	1.31
湖北省	56	4.07	上海市	10	0.73
广西壮族自治区	53	3.85	天津市	6	0.44
山西省	50	3.64	青海省	2	0.15
云南省	47	3.42	辽宁省	0	0
江西省	46	3.35	陕西省	0	0
甘肃省	46	3.35	北京市	0	0
湖南省	39	2.84	新疆生产建设兵团	0	0
贵州省	38	2.76			

（四）植物新品种权

2016年，我国农业植物品种权申请量为2 523件，再创历史新高，年度申请量在UPOV各成员中位居第二位，比2015年增加454件，增加幅度达22%。其中，境内主体申请品种权2 356件，占93.4%，境外主体167件，占6.6%。

2016年，我国农业植物品种权授权量为1 937件，同比增长37%，再创历史新高。其中，境内主体获得授权品种1 833件，占94.6%，境外主体104件，占5.4%。

从作物种类来看，2016年农业植物品种权申请依然以大田作物为主，申请量和授权量分别占总量的78.4%和81.5%（表2-4）。

表2-4　2016年品种权申请授权植物种类分布情况

作　物	大田作物	蔬菜	花卉	果树	牧草	其他
申请量（件）	1 977	243	183	94	5	21
授权量（件）	1 579	120	144	73	0	21

大田作物中，主要以玉米、水稻、小麦的品种权申请和授权为主（表2-5）。水稻品种权申请中，除了杂交组合和常规品种的申请外，还有很多恢复系和不育系的申请。

表2-5　2016年主要大田作物品种权申请和授权情况

作物	水稻				玉米			小麦	大豆	棉花
	小计	杂交水稻	常规水稻	其他水稻	小计	杂交玉米	其他玉米			
申请量（件）	669	130	257	282	712	358	354	241	86	31
授权量（件）	551	122	204	225	586	308	278	94	164	65

品种权授权数量超过100件的省份有北京市、黑龙江省、河南省、山东省、江苏省和安徽省。境内各省品种权申请及授权数量见表2-6。

表2-6　2016年境内各省品种权申请授权数量

区　域	申请量（件）	授权量（件）	区　域	申请量（件）	授权量（件）
北京	368	281	江苏	154	127
安徽	195	105	广东	115	54
河南	189	133	河北	112	77
山东	174	133	湖南	90	45
黑龙江	166	174	四川	87	93

（续）

区　域	申请量（件）	授权量（件）	区　域	申请量（件）	授权量（件）
吉林	84	61	新疆	25	33
辽宁	77	41	天津	22	18
浙江	67	69	江西	19	15
福建	61	44	重庆	18	23
湖北	48	48	山西	17	9
陕西	46	14	贵州	14	31
上海	46	57	海南	10	10
内蒙古	43	22	宁夏	4	1
甘肃	38	16	青海	0	1
云南	35	76	合计	2 356	1 833
广西	32	22			

截至2016年底，农业植物品种权申请总量累计达到18 075件，授权总量达到8 195件（图2-10）。

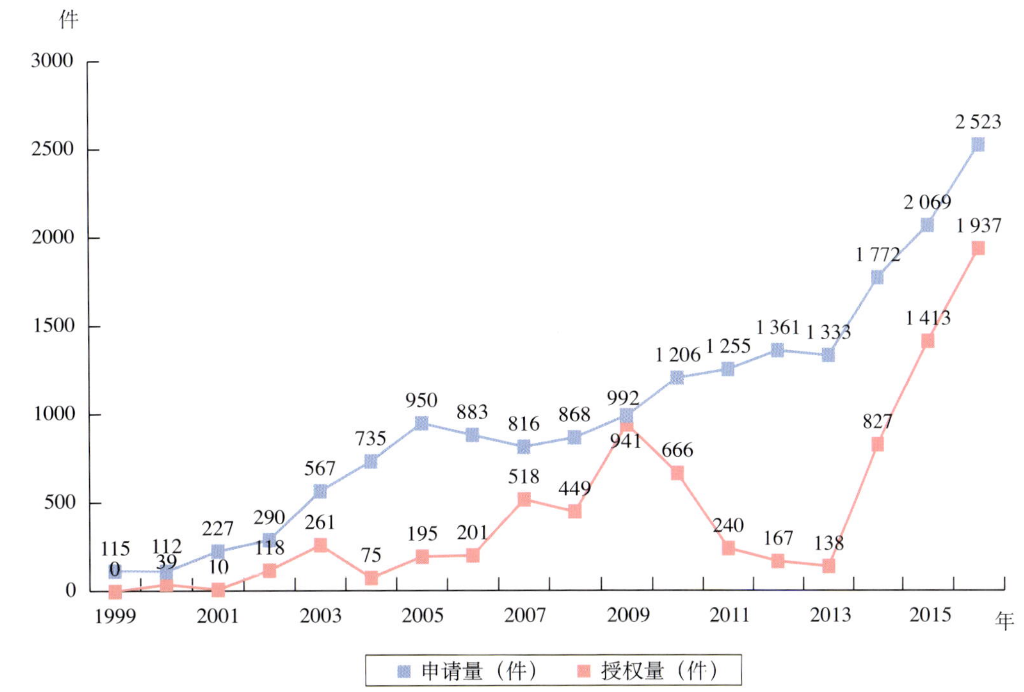

图2-10　1999—2016年品种权申请和授权量变动情况

二、种质资源收集与评价利用

（一）第三次全国农作物种质资源普查与收集行动

2016年，通过在湖北、湖南、广西、重庆、江苏和广东等省（自治区、直辖市）开展194个县的普查工作和83个县的系统调查、抢救性收集工作，共收集各类作物种质资源11 973份。通过普查发现了一批具有优质、抗病、抗虫、早熟、特殊营养价值等特性的优异资源。

（二）作物种质资源基本农艺性状鉴定

2016年，完成了水稻、小麦、玉米、大豆、食用豆、小杂粮、油料作物、麻类作物、牧草以及各种果树、蔬菜、烟草、糖料和香料等137种作物20 227份种质基本农艺性状的鉴定。其中水稻、小麦、棉花、蔬菜等种子繁殖作物12 107份，果树及多年生作物8 120份。对水稻、小麦、玉米、大豆、食用豆、棉花等44种作物6 145份资源进行进一步抗病虫等精细鉴定筛选，从中鉴定出在当前育种中具有重要利用价值，即具有突出抗性特性的突出优异种质2 498份。

（三）作物种质资源编目、繁殖与入库（圃）保存

2016年共完成作物种质资源编目16 371份，其中种子作物编目12 902份，无性繁殖作物3 469份。在完成编目基础上，有30种作物10 528份种质资源经繁种入国家种质库长期保存，有79种作物1 585份无性繁殖作物种质资源繁殖入国家种质圃长期保存，本年度新增入库圃长期保存资源12 113份。至2016年12月，我国长期保存的种质资源总计481 617份，其中国家种质库长期保存总份数415 232份，43个种质圃保存总份数66 385份。

（四）库圃种质资源更新与分发

2016年，完成中期库和种质圃合计32 341份种质资源的繁殖更新工作，其中粮食作物、棉花、油料、蔬菜、麻类等中期库作物繁殖更新16 929份，种质圃无性繁殖作物繁殖更新15 412份。本年度对外提供分发219种作物种质资源81 582份次，用种单位达1 282家。

三、主要农作物科研进展

（一）玉米

1. 原始创新进展

研究发现了单倍体关键诱导基因。通过构建诱导系CAU5的BAC文库、阳性克隆筛选和测序分析，获得了该区段的BAC序列，并确定编码磷脂酶（ZmPLA1）基因具有单倍体诱导能力，发现诱导系中ZmPLA1基因外显子4bp插入是导致玉米单倍体诱导功能产生的原因。

研究发现了玉米苗期耐旱性关键基因。利用全基因组关联分析方法，在第9染色体定位了控制苗期耐旱性状的质子泵－焦磷酸水解酶基因ZmVPP1。该基因启动子366-bp的插入序列包

含了3个MYB顺式元件，调控了耐旱基因ZmVPP1在干旱诱导下的表达。

研究发现了维生素B_6调控玉米籽粒胚发育机理。通过玉米小粒2基因（smk2）突变体的分子特征，揭示出维生素B_6在玉米幼胚和胚乳发育过程中的不同作用。研究发现，维生素B_6可能以磷酸吡哆胺的形式累积在胚乳中，维生素B_6对胚发育是十分重要的，但在玉米胚乳发育过程中起负向作用。

2. 育种方法与技术研究进展

核磁共振技术在玉米育种中应用。通过对核磁T2信号的反演分析，建立了穗粒测试模型，使果穗的水分测试误差控制在0.5个百分点之内。利用核磁共振技术对玉米分离后代的果穗含水率、穗轴含水率和籽粒含水率进行快速无损检测，清晰地观察水分分布，了解不同时期的水分分布位置，为脱水快材料的选育提供数据信息和图像信息。

分子标记技术研究种质基础。采用SSR标记技术，以代表我国种质类群的五个群体（中综5号、中综6号、中综7号、BSSS和Suwan1）为材料，研究了群体内和群体间的遗传变异，阐述了主要玉米群体的遗传基础。利用50KSNP芯片阐述我国西南地区362份自交系的遗传结构，发现西南种质杂种优势类群可以划分为2个类群（热带和温带）或3个类群（热带、SS和NSS）。

分子标记辅助选择技术加速创制新材料。以自育的S型细胞质雄性不育系MD32为供体，京科968的母本京724为受体，利用回交转育结合分子标记辅助背景选择，回交3代获得了京724遗传背景的S型细胞质雄性不育系。以爆裂玉米杂交种 JB1 的 F1 代种子为材料，选取 10 条染色体上均匀分布的多态性 SSR 分子标记对 F2 及后续 2 个世代的分离群体进行逐代分子标记辅助选择，提出了利用分子标记辅助选择手段探索从杂交种后代中高效发掘分别适合作父本和母本材料的方法。

3. 育种材料创制进展

前育种系统建设与种质创新。在东北区，筛选出表现较好的16个循环群体共200多个家系，利用欧美系改良国内优良自交系，创制熟期适宜、耐密抗倒、优质育种新材料21份；在黄淮海区，筛选出表现良好的8个群体共300多个家系，利用欧美系改良国内系，经配合力测定，育成SS群20多份，NSS群9份；在西南区，对3个群体进行了2轮改良，筛选出表现优良的材料200余份；在西北区，创制具备优异性状且配合力较高的新材料60份。

适于机械化玉米自交系创制。在东北区，创制出吉16-5078、吉16-5092、吉16-5122、龙系373、H285等一批适宜机械化的自交系和育种新材料，组配的吉单66等新杂交种通过国家籽粒机收玉米品种审定；在黄淮海区，选育出早熟、耐密、抗倒、脱水快的自交系5个；在西南区，育成突破性自交系Y1027等3个优良自交系。

（玉米育种科研进展材料提供人：中国农业科学院作物科学所李新海研究员）

（二）水稻

1. 原始创新进展

研究发现了杂交稻杂种优势遗传机制。研究全面、系统地鉴定出了控制水稻杂种优势的主要遗传（数量性状或基因）位点，详细剖析了三系法、两系法和亚种间杂种优势的遗传机制，揭示了两系杂交稻两优培九的杂种产量优势的关键性状及相关的基因和QTLs。

研究发现了使用代谢组学预测杂交稻产量的方法。研发发现两种优质籼稻品种珍汕97（Zhenshan 97）和明恢63（Minghui 63）的参考基因组之间有着广泛的序列差异，并证实相比于基因组预测，使用代谢组学数据时杂交种产量的可预测性几乎提高了两倍。

研究揭示了水稻谷蛋白分子网络途径。研究获得了一系列的水稻谷蛋白前体异常积聚的突变体，通过对突变体glutelin precursor accumulation4（gpa4）的研究，基本明确了膜蛋白GOT1B的功能，阐述了COPII（Coat Protein Complex II）介导的谷蛋白ER输出的分子机制，进一步丰富了人们对谷蛋白合成、分选、沉积分子网络途径的认识。

2. 育种材料创制进展

适合轻简化生产、产品优质多样安全的种质创新。研究创制了苗期耐低温育种材料、肥料高效利用育种材料、早熟优质香稻高异交率不育系材料、抗褐飞虱、稻瘟病等多基因聚合抗性材料、适合轻简化生产育种材料、镉低积累育种材料、广谱抗稻瘟病纹枯病稻曲病抗性材料、单隐性基因控制的“小粒型”两系不育系材料等。

（水稻育种科研进展材料提供人：中国水稻研究所胡培松研究员）

（三）小麦

1. 原始创新进展

研究发现了小麦太谷核不育基因Ms2。一个新的非自主型的TRIM反转录转座子插入到Ms2基因的启动子区，激活了该基因并使其在花药中特异表达，导致不育表型的产生。研究结果表明小麦多倍体化和富含转座子的特点为产生新的表型提供了丰富的遗传变异基础。

研究发现了抗小麦白粉病基因。除簇毛麦6VS染色体上的抗小麦白粉病基因Pm21外，研究发现小麦－簇毛麦5V附加系上还含有1个成株抗白粉病基因，研究鉴定出抗小麦白粉病的纯合T5VS.5AL易位系，并将该基因定位在簇毛麦5VS 0.60 ～ 0.80区间，命名为Pm55。

2. 育种方法与技术研究进展

六倍体小麦遗传转化体系研究取得突破。通过改进小麦遗传转化技术，构建双T-DNA表达载体，建立了15个商业化小麦品种的转化体系，转化效率达到2.9%～ 22.7%。

开发抗小麦赤霉病功能标记。研究克隆小麦3BS抗赤霉病Fhb1基因，开发了相应的功能标记，并用于品种检测。

（小麦育种科研进展材料提供人：中国农业科学院作物科学所肖世和研究员）

（四）棉花

1. 原始创新进展

研究提出了棉花纤维驯化的遗传学基础。通过陆地棉野生种和驯化种基因组重测序研究，全基因组范围内鉴定了93个驯化选择区间，这些区间包含大量与陆地棉的株高、抗病性和纤维品质等农艺性状的形成有关的功能基因，阐述了驯化对基因转录调控的影响。

完成了海岛棉3-79基因组测序。利用全基因组鸟枪法测序，拼接出2.45Gb的基因组，绘制了高质量的基因组图谱，预测得到80 876个编码蛋白质的基因。提出海岛棉纤维发育过程中"CesA 基因家族的接力赛模型"。利用Small RNA测序，总共检测到参与纤维发育的47个保守的miRNA家族和7个新的纤维特异的miRNAs。

2. 育种方法与技术研究进展

采用全基因关联分析技术研究陆地棉纤维品质性状遗传变异分子基础。利用高通量单核苷酸多态性(SNP)芯片，采用全基因关联分析(GWAS)和转录组测序等技术，在多年多点环境条件下对719份国内外陆地棉品种进行了表型鉴定和GWAS分析，检测到46个SNP位点与纤维长度、强度、细度等5个纤维品质主要性状显著关联。

CRISPR/Cas9基因编辑技术在棉花中成功应用。将异源四倍体棉花的内源基因GhMYB25和已转化的GFP标记基因以及GhCLA1、GhVP基因作为靶标，通过设计多个SgRNA实现了等位基因的同时突变。这一技术在研究棉花代谢途径、改良微效多基因控制的性状方面具有很好的应用前景。

3. 育种材料创制进展

获得转基因高衣分棉花材料。利用转iaa M高衣分基因的棉花种质IF1-1做亲本，通过系统选育结合分子辅助选择对杂交后代进行定向培育，获得了新的高衣分种质，实现了第2代转基因高衣分棉花种质的育种应用。

筛选出耐低磷优良新品系。利用获得的转植酸酶基因PhyA棉花新材料，研究其在低磷土壤条件下的纤维品质及黄萎病抗性，转PhyA株系黄萎病病株率和病情指数均显著低于对照，纤维品质在转基因株系世代间存在一致性，并从中筛选出1个耐低磷优良新品系。

（棉花育种科研进展材料提供人：中国农业科学院棉花研究所范术丽研究员）

（五）油菜

1. 原始创新进展

研究发现了油菜隐性核不育机理。克隆了控制油菜核不育系统7365ABC（9012ABC）的不育关键基因Bnams4b，主要影响质体的正常发育、花药败育以及叶片和新芽的黄化。研究发现与Bnams4b共进化且通过"新功能化"形成的抑制基因BnaMs3可在蛋白质水平上恢复其育性，使得该有害基因能保存下来。另一个抑制基因Bnams4a则通过降低Bnams4b的转录水平来遏制有害基因的表达。

研究发现了油菜显性核不育基因。获得了育性调控基因BnMS5，该基因通过控制减数分裂早期染色体的结构和减数分裂进程来调控生殖细胞的发育，最终控制植株的育性。

研究分析了甘蓝型油菜开花期基因功能。研究分离出两个控制晚开花的基因BnFLC.A2和BnFLC.C2及其早花等位基因Bnflc.a2。研究表明BnFLC.A2和BnFLC.C2与拟南芥FLC具有非常保守的调控花期的功能，Bnflc.a2中的长片段插入导致该调控功能丧失是影响甘蓝型油菜开花时间的自然变异的重要因素。

研究发现了nap CMS恢复基因。证实编码PPR蛋白的基因即为甘蓝型油菜nap CMS恢复基因Rfn，该基因在花药发育过程中的四分体时期的绒毡层和四分体中表达量达到最高值，并推测Rfn可能并不是在转录后水平调控nap CMS的育性。

研究发现了油菜主要产量构成因素基因。在油菜A6染色体上定位到控制每角粒数的基因Bna**437（含“*”基因代指未公开发布的基因名称，下同），该基因的过表达导致死胚和每角粒数显著降低。在油菜A9染色体鉴定了一个控制油菜粒重和角果长度的基因Bna**786，该基因主要通过调控细胞分裂速度来影响细胞数目，进而影响角果长度以及种子大小。

研究发现了油菜其他重要性状基因。定位了四个甘蓝型春油菜开花期QTL位点，并开发了相应的分子标记，获得了多个耐渍性相关性状的QTL位点；开发了与控制根系发育的主效QTL位点连锁的InDel标记；定位了矮秆Bndwf1、下卷叶Bndcl1和黄化叶cde1等基因，克隆了油菜花叶基因BnLL1；利用油菜GWAS分析，获得了油菜株高、单株产量及其构成因子等性状的SNP位点或QTL位点。

2. 育种材料创制进展

创制多种类型育种材料。创制细胞质雄性不育系统亲本材料，新育成多个具有优良性状的pol CMS 不育系、恢复系和oug CMS恢复系、不育系。创制细胞核雄性不育系统亲本材料，培育显性核不育系、显性核不育恢复系、隐性核不育系、紧凑型恢复系等多种亲本材料。创制自交不亲和特早熟甘蓝型油菜材料，培育高配合力双低常规油菜新自交系；培育抗菌核病、抗倒伏DH系，耐盐、抗寒的甘蓝型油菜亲本材料。

创新多种特异种质。创新含油量在50%以上的高含油量、高油酸及黄籽甘蓝型油菜资源，筛选获得了双低高油酸材料、黄籽高油酸材料，黄籽性状遗传稳定的甘蓝型油菜材料。创新多室、大粒甘蓝型油菜资源，多室角果率超过80%，千粒重达8克以上。创新不同花色、叶色甘蓝型油菜资源，创新抗根肿病、耐盐、抗寒、极端耐旱、强抗折、抗除草剂等多种抗逆甘蓝型油菜资源，创新获得紫叶甘蓝型油菜、坚秆、多花色、株型紧凑型材料等特殊株型等甘蓝型油菜资源。

（油菜育种科研进展材料提供人：华中农业大学沈金雄教授）

（六）大豆

1. 原始创新进展

研究发现了多个重要基因。克隆了大豆长童期基因J，阐明了长童期性状形成及大豆适应低纬度地区短日高温条件的分子机制；获得了调控根瘤发育的基因Glyma.15G227500；克隆出参与大豆食心虫免疫的基因家族，找出35个与昆虫免疫相关基因；克隆了大豆耐低磷相关基因3个；筛选出具有明显抗旱效果的3个基因GmNAC008、GmMYB016和GmPP024；克隆出大豆

GmRAV1基因，明确了GmRAV1基因是细胞分裂素促进芽再生的正调节因子，参与再生途径。

研究找到多个重要基因位点。精细定位了6个开花期相关QTL/基因、2个种皮色相关QTL/基因、3个泥膜相关QTL/基因；解析了大豆异黄酮含量的遗传结构，检测到44个相关QTL，可解析72.2%的表型变异；检测到6个QTL与总维生素E含量显著关联。大豆杂种优势利用研究取得新进展，开展了异交率相关研究，发现异交率的高低与大豆花对昆虫吸引力的高低成极显著正相关，发现了9个差异SSR标记。将大豆细胞质雄性不育恢复基因定位于16号染色体上。

2. 育种方法与技术研究进展

研究构建了大豆分子育种平台。开展了基于大面积种植品种的分子育种策略研究，根据大面积种植品种的农艺性状、品质性状、生育期、抗逆性等，结合全基因组信息，构建大豆分子育种平台。

研究构建了大豆种质基因库。利用大豆核不育材料ms1ms1和ms6ms6构建了全国大豆种质基因库基础群体，分东北、黄淮海和南方三大生态区，每个生态区又分若干省级亚群体。全国已有50多家单位利用这些群体进行大豆轮回选择育种研究，育成一批新的后备品系和育种材料。

3. 育种材料创制进展

研究创制了一批优质材料。筛选出一批脂氧酶缺失、高油酸、低亚麻酸育种材料；通过辐射诱变，创制出蛋白含量达50%以上的小粒大豆材料；采用分子标记辅助方法创制多抗育种材料，获得多份兼抗3种以上主要病害的育种中间材料；鉴定出10份高抗虫野生大豆；筛选出10份光周期钝感品种；发现紫、白花同株特异种质1份。

（大豆育种科研进展材料提供人：吉林省农业科学院大豆研究所王曙明研究员、中国农业科学院作物科学研究所韩天富研究员）

（七）马铃薯

1. 原始创新进展

研究发现了马铃薯块茎品质遗传机理。发现了能精妙调节马铃薯块茎酸性转化酶活性进而调控马铃薯低温糖化的蛋白复合体。研究发现共同调控马铃薯花青素合成的基因StbHLH1与StJAF13，过表达StLCYb可增加马铃薯块茎β-类胡萝卜素积累。

研究发现了重要基因及遗传位点。研究对晚疫病抗性、花青素含量与产量性状、块茎形成进行了初步QTL定位。开发了一个对圆薯形材料的选择准确率高达91.4%的CAPS标记。发现了一批影响马铃薯致病疫霉菌抗性、黄萎病抗性、抗寒、耐热、渗透胁迫等抗病抗逆的基因与启动子。

2. 育种材料创制进展

新型种质研究。对国内外608份马铃薯品种（系）细胞质类型、二倍体马铃薯遗传基础、彩色马铃薯遗传多样性进行了研究。利用原生质体电融合方法创制了马铃薯抗晚疫病新种质。

（马铃薯育种科研进展材料提供人：中国农业科学院蔬菜花卉研究所金黎平研究员）

第三篇　种子生产与推广

一、主要农作物种子生产状况

（一）杂交玉米种子

2016年，全国杂交玉米制种面积410万亩，比2015年增加68万亩。甘肃和新疆制种面积合计322万亩，占全国玉米制种面积78.56%，比2015年提升了4.58个百分点；产量12.12亿千克，占到全国总产的82.74%，比2015年提升了5个百分点，杂交玉米制种进一步向甘肃和新疆优势基地集中。2016年全国各区域玉米制种面积、产量及其占比和单产情况见图3-1～图3-3。

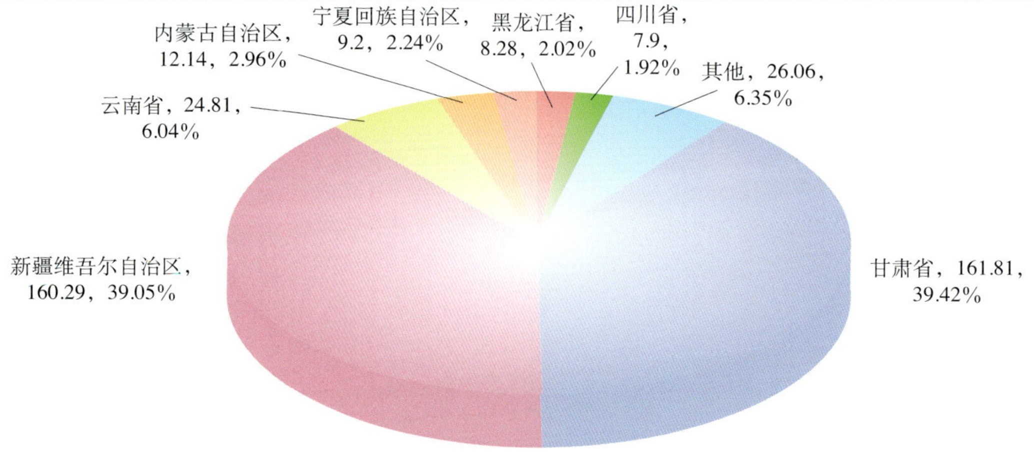

图3-1　2016年全国各区域杂交玉米制种面积及其占比（单位：万亩）

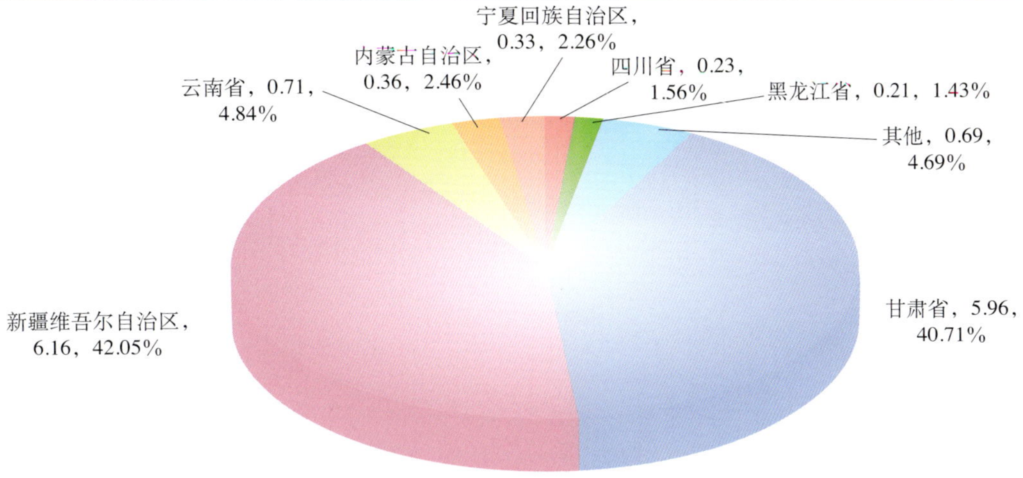

图3-2　2016年全国各区域杂交玉米制种产量及其占比（单位：亿千克）

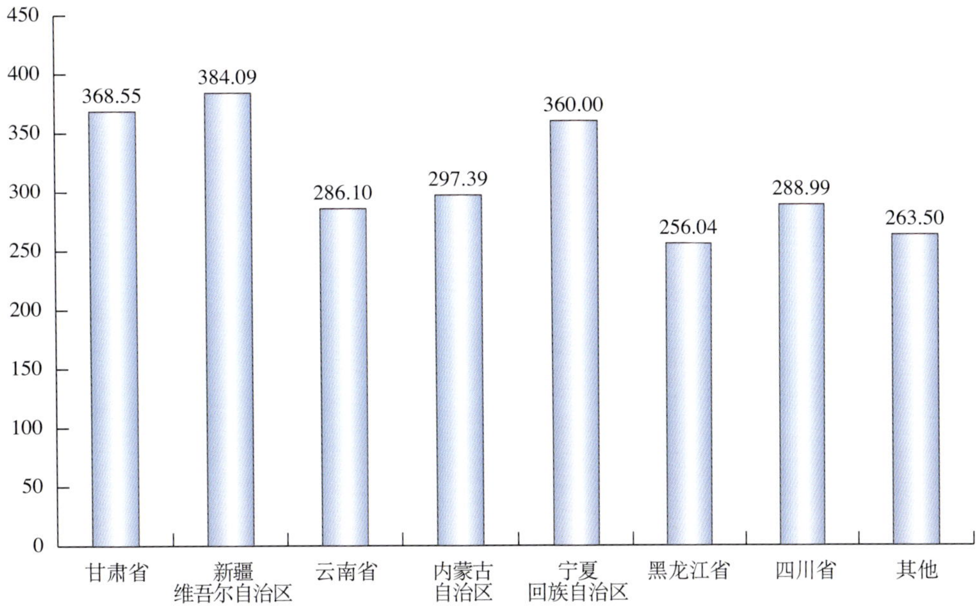

图3-3　2016年全国各区域杂交玉米制种单产情况（单位：千克/亩）

2016年全国杂交玉米种子总产14.65亿千克，比2015年增加3.69亿千克；平均亩产357千克，比2015年增加37千克/亩。近14年来全国杂交玉米种子制种面积与产量情况见图3-4～图3-6。

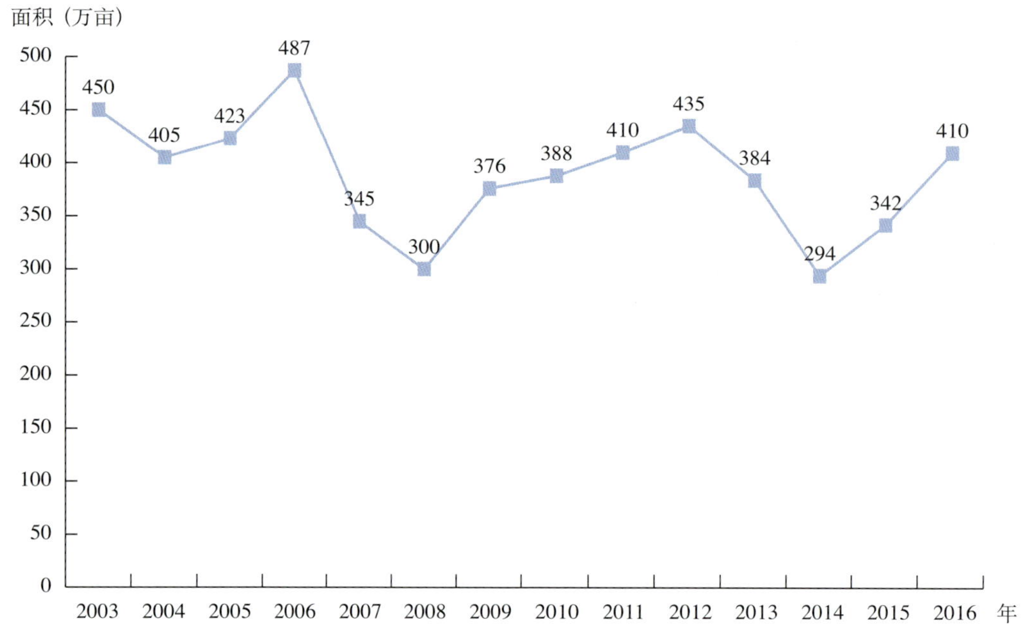

图3-4 近14年来全国杂交玉米种子制种面积变动状况

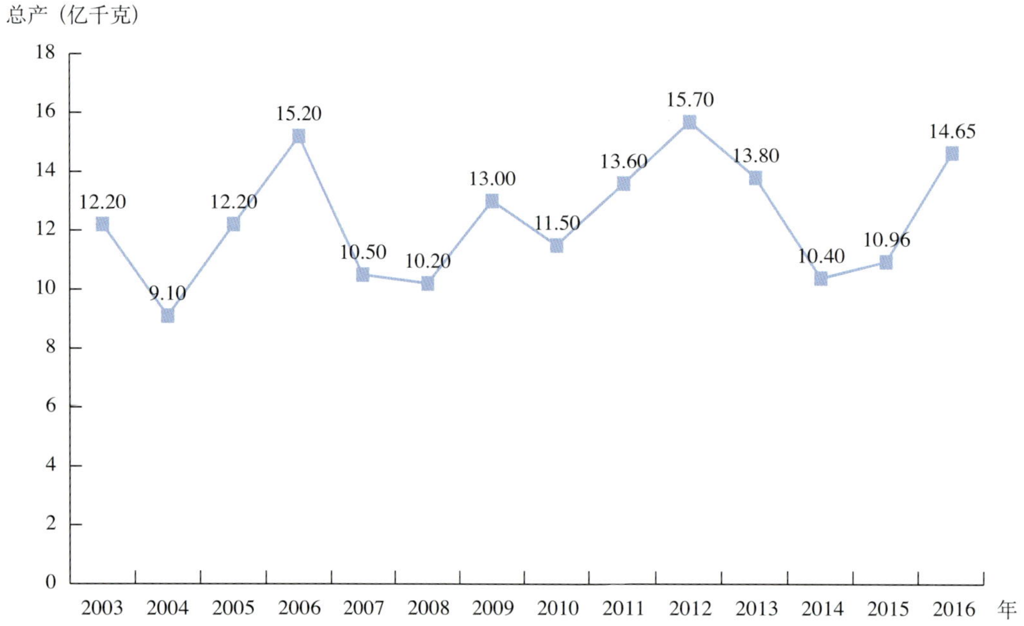

图3-5 近14年来全国杂交玉米种子总产量变动状况

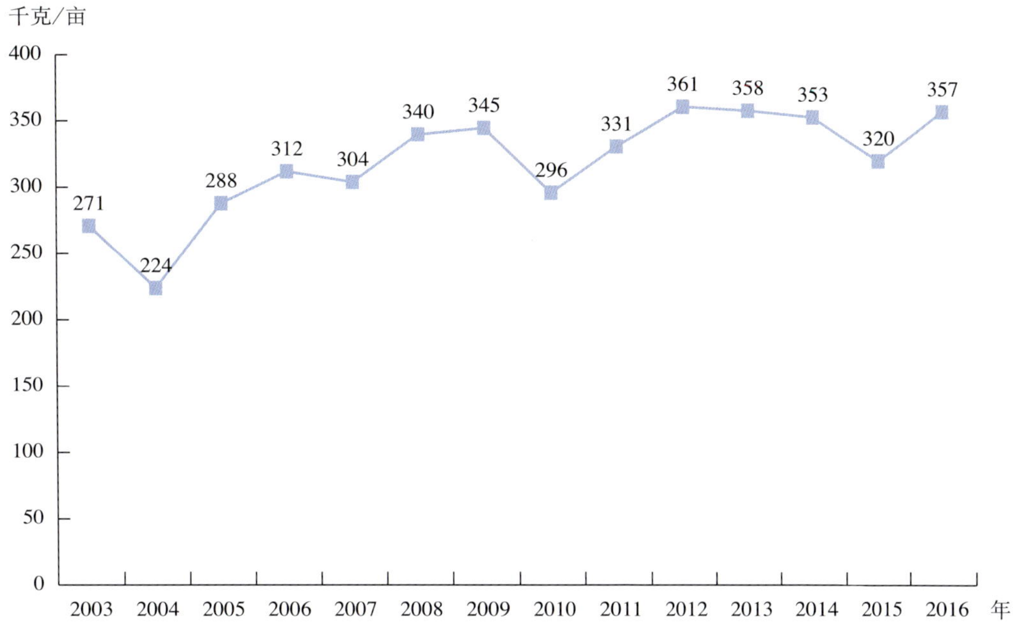

图3-6 近14年来全国杂交玉米制种单产变动状况

2016年期末杂交玉米种子总供给量回升到20亿千克以上。2016年底玉米商品粮价格大幅下滑，以调减玉米为重点的种植业结构调整政策进一步强化，预计2017年全国玉米种植面积将进一步下滑，杂交玉米种子需求量将不到11亿千克，供需指数又回到供过于求警戒线以上。

（二）杂交水稻种子

2016年，杂交水稻实际制种面积163万亩，收获种子2.80亿千克，单产171千克/亩，分别比2015年增加18万亩、0.41亿千克、7千克/亩，增幅分别为12.71%、17.15%、4.17%。2016年杂交水稻制种区尽管普遍遭受多种自然灾害，但减产程度轻于2015年，单产接近常年水平。主要灾害发生在江苏、湖南、江西，受台风和高温热害影响，种子减产2 200万千克。近14年来全国杂交水稻种子制种面积与产量情况见图3-7～图3-9。

2016年，杂交水稻种子生产继续向制种优势区域集中，四川、湖南、江苏、江西、福建和海南六省制种面积共计135万亩、占82%，比2015年增加17万亩、提高1个百分点。全国各区域杂交水稻种子制种面积、产量及其占比情况见图3-10～图3-12。

2016年期末，杂交水稻种子市场可供种子总量3.6亿千克。受优质常规稻扩大种植影响，预计2017年杂交水稻种植面积稳中有降，但随着直播稻、机插秧面积扩大，亩用种量有所上升，种子总需求量将达到2.4亿～2.5亿千克，期末余种将达到1.1亿～1.2亿公斤，供过于求的程度再次加重。

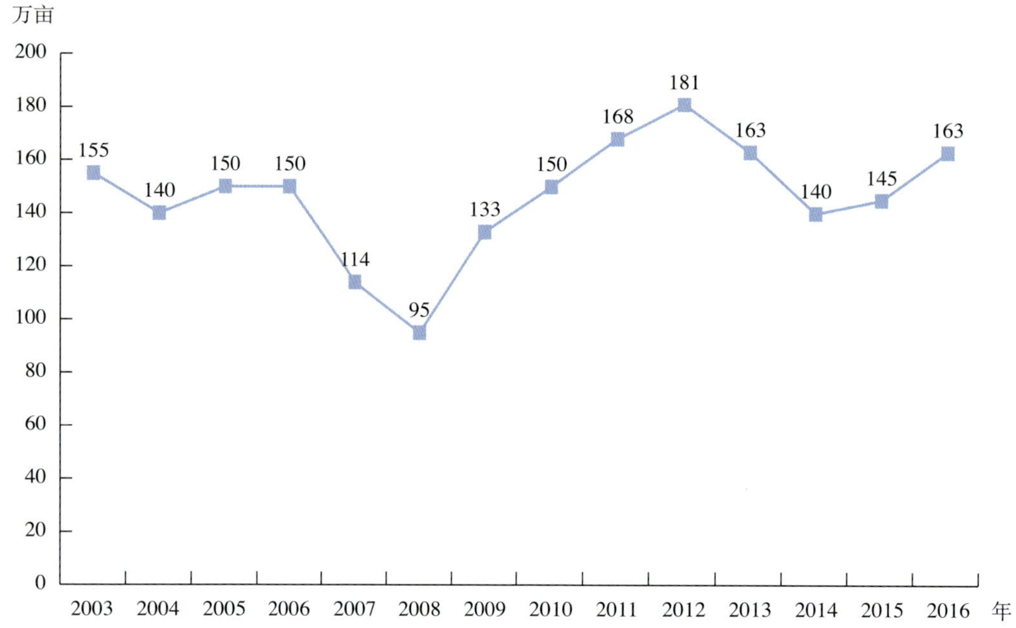

图3-7　近14年来全国杂交水稻种子制种面积变动状况

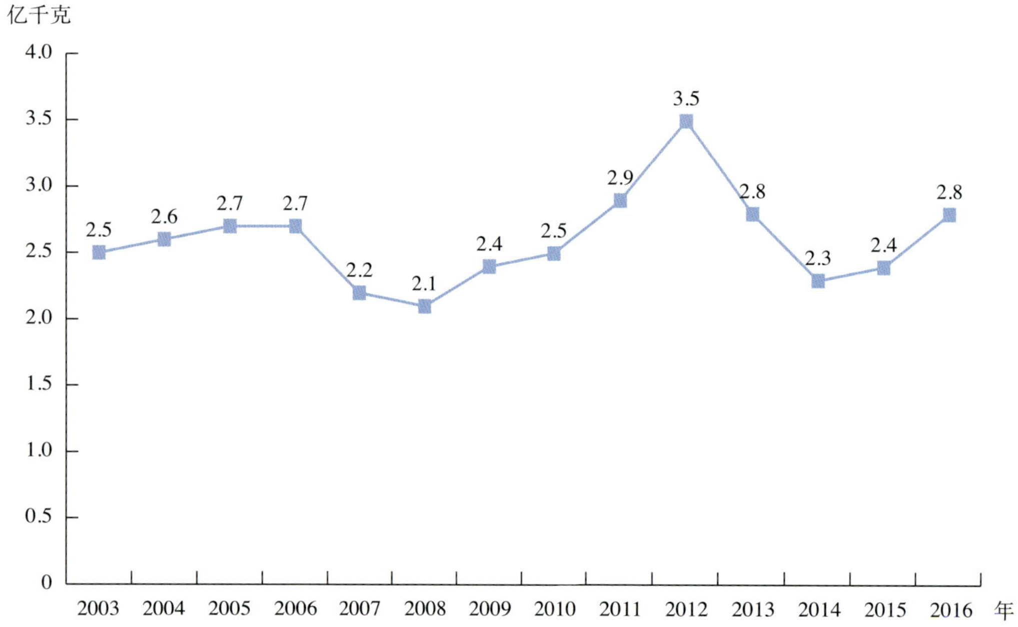

图3-8　近14年来全国杂交水稻种子总产量变动状况

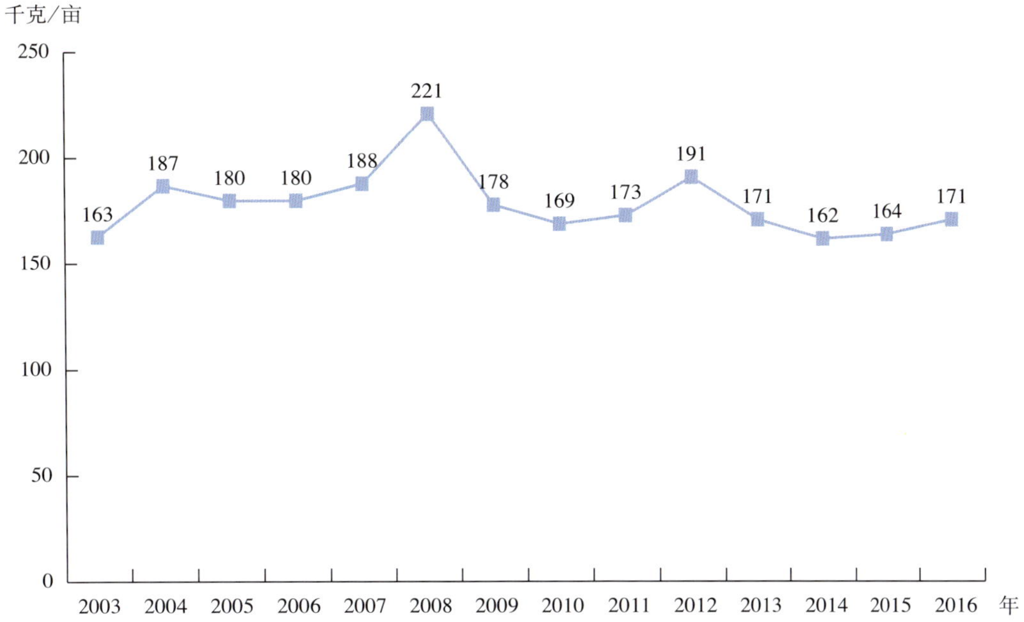

图3-9 近14年来全国杂交水稻制种单产变动状况

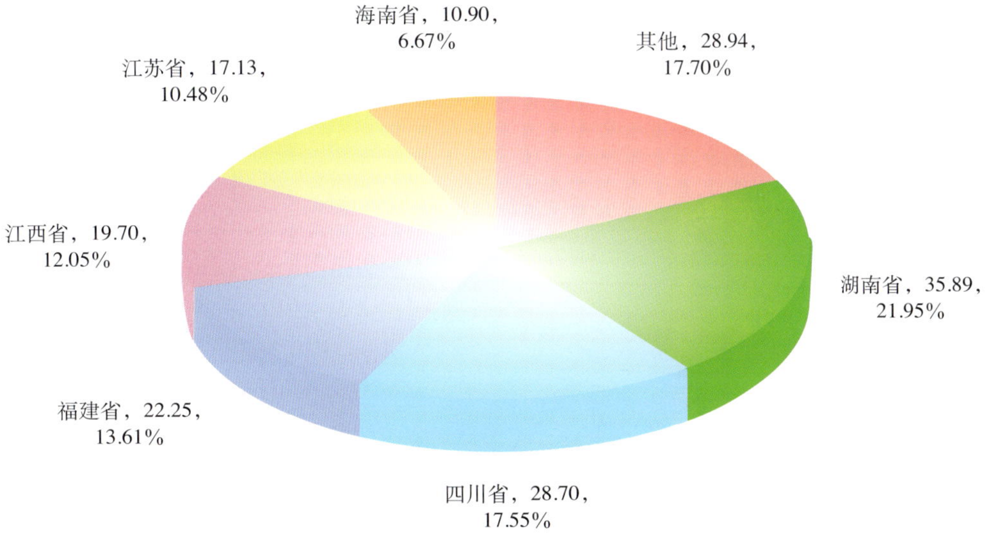

图3-10 2016年全国各区域杂交水稻制种面积及其占比（单位：万亩）

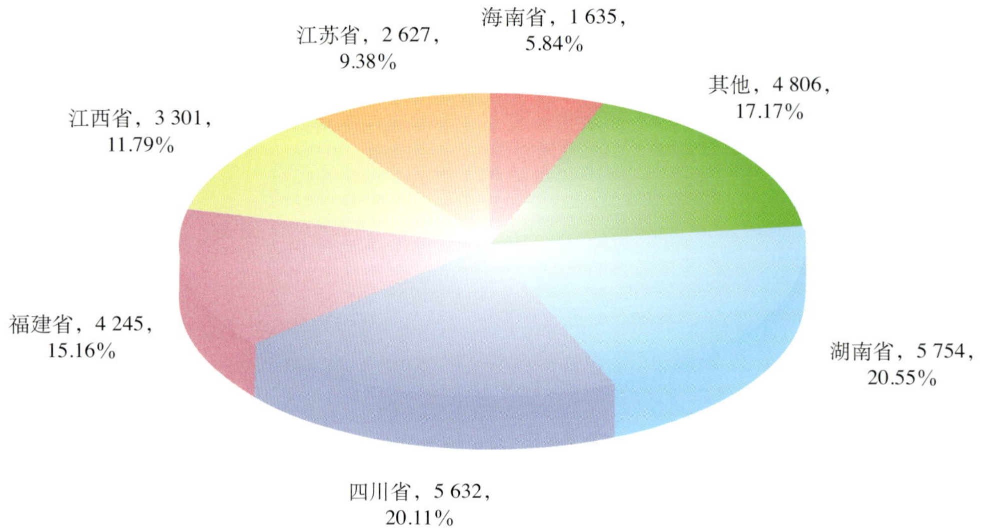

图3-11 2016年全国各区域杂交水稻制种产量及其占比（单位：万千克）

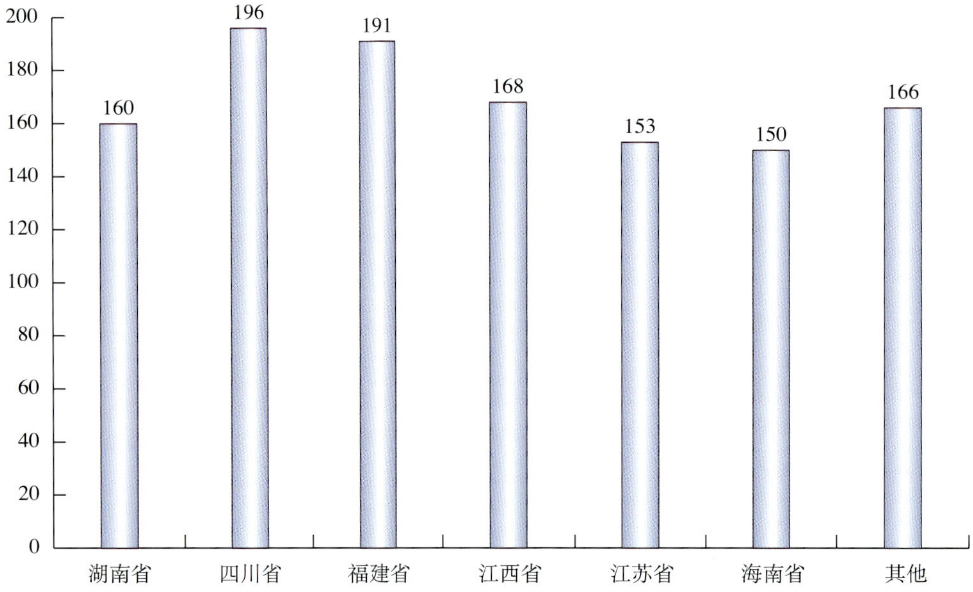

图3-12 2016年全国各区域杂交水稻制种单产情况（单位：千克/亩）

（三）其他主要农作物种子生产

2016年，冬小麦种子收获面积1 089万亩，比2015年减少122万亩，总产43.74亿千克，比上年减少6.95亿千克。主要原因是安徽中部、江苏淮南、河南南部、湖北北部地区冬小麦赤霉病偏重发生和麦收阴雨造成粒萌动与穗发芽，种子田因灾报废面积110万亩，受灾成灾面积250万亩，造成种子减产6.7亿千克。

2016年，常规水稻种子生产面积增加29万亩，为193万亩，单产462.96千克/亩，总产种子8.94亿千克。主产区黑龙江、江苏和安徽分别遭受台风、洪涝和高温热害影响，减产4 000万千克以上。2017年常规稻种植面积和商品化率将有所提高，商品种子需求量将达到7亿千克。

受2015年棉花种子市场持续低迷影响，杂交棉种子生产面积进一步下降至1.41万亩，同比减少0.6万亩，单产77.01千克/亩，同比减少11.25千克/亩，总产减为109万千克。常规棉种子生产面积进一步下降为73.5万亩，同比减少2.08万亩，单产100千克/亩，总产为0.74亿千克，与去年持平。

杂交油菜制种收获面积12.84万亩，比2015年增加0.34万亩，单产64.95千克/亩，总产1 096万千克；大豆繁种面积287万亩，同比减少45万亩，单产155千克/亩，总产4.44亿千克。马铃薯繁种面积590万亩，总产85亿千克，同比增长144万亩、15亿千克，甘肃、宁夏和内蒙古等主产区受高温干旱影响，减产幅度较大。

二、主要农作物种子使用状况

根据30个省份（除西藏外）2 266个农业县主要农作物种子使用情况调查，2016年，全国7种主要农作物用种面积17.49亿亩，总用种量102.81亿千克，商品化率为71.52%，商品种子使用量73.53亿千克。

（一）种子使用总量

1. 用种面积

2016年，全国玉米、水稻、小麦、大豆、马铃薯、棉花、油菜7种主要农作物用种面积17.49亿亩，比2015年减少0.23亿亩。其中，玉米用种面积5.97亿亩，水稻4.49亿亩（杂交稻2.26亿亩，常规水稻2.23亿亩），小麦3.66亿亩，油菜0.95亿亩（杂交油菜0.73亿亩，常规油菜0.22亿亩），大豆1.02亿亩，马铃薯0.89亿亩，棉花0.5亿亩（杂交棉花0.11亿亩，常规棉花0.39亿亩）。7种主要农作物用种面积在总和中的占比情况见图3-13。

2. 亩用种量

全国杂交玉米和杂交水稻亩用种量比较平稳。2016年杂交玉米亩用种量为1.94千克/亩，与2015年持平，杂交水稻亩用种量为1.15千克/亩，比2015年提高0.05千克/亩。2013—2016年“两杂”种子亩用种量变化情况见图3-14。

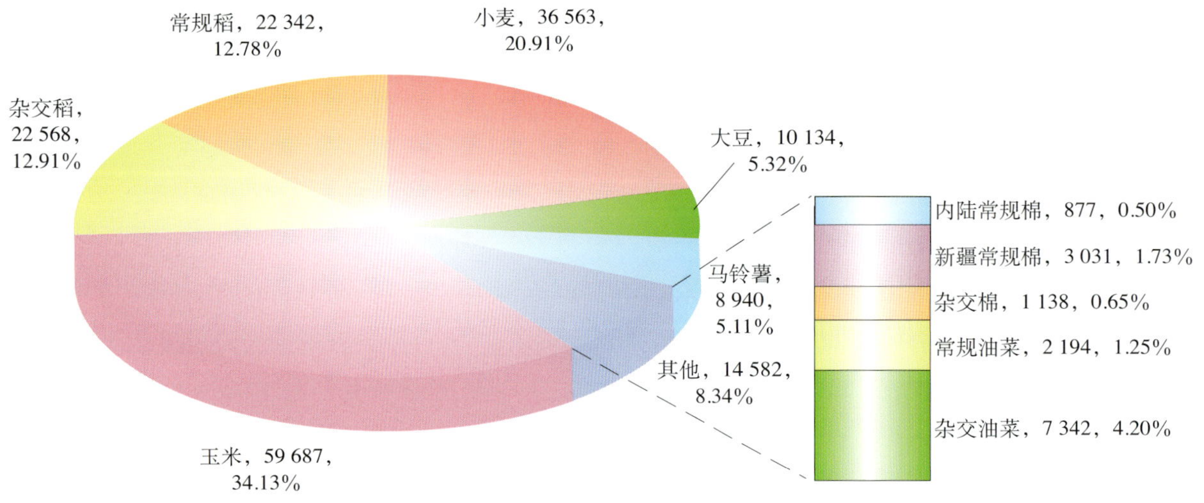

图3-13　2016年7种主要农作物用种面积及其占比（单位：万亩、%）

近年来，全国小麦亩用种量在12.5 ~ 13千克/亩范围内波动，2016年小麦亩用种量为12.50千克/亩，比2015年降低0.15千克/亩。2013—2016年小麦亩用种量变化情况见图3-15。

近年来，全国常规稻和大豆亩用种量均呈小幅波动趋势，2016年常规稻和大豆亩用种量分别为4.44千克/亩和5.07千克/亩。2013—2016年常规稻和大豆亩用种量变化情况见图3-16。

近年来，全国马铃薯亩用种量总体呈上升趋势，2016年马铃薯亩用种量为149.51千克/亩，比2015年增加4.59千克/亩。2013—2016年马铃薯亩用种量变化情况见图3-17。

近年来，全国杂交棉亩用种量稳步上升、杂交油菜亩用种量保持平稳、常规油菜亩用种量总体下降，2016年杂交棉和常规油菜亩用种量分别为0.61千克/亩和0.39千克/亩，比2015年分别增加0.03千克/亩和0.01千克/亩。2013—2016年油菜、杂交棉亩用种量变化情况见图3-18。

近年来，全国内陆常规棉亩用种量逐步下降、新疆常规棉亩用种量呈波动下降趋势，2016年内陆常规棉和新疆常规棉亩用种量分别为1.43千克/亩和2.44千克/亩，比2015年分别增加0.28千克/亩和0.24千克/亩。2013—2016年常规棉亩用种量变化情况见图3-19。

3. 种子使用总量

根据本年度各主要农作物的用种面积和亩用种量，计算出7种主要农作物种子使用总量为102.81亿千克（马铃薯种薯按5:1折算），各作物种子使用量情况见表3-1。

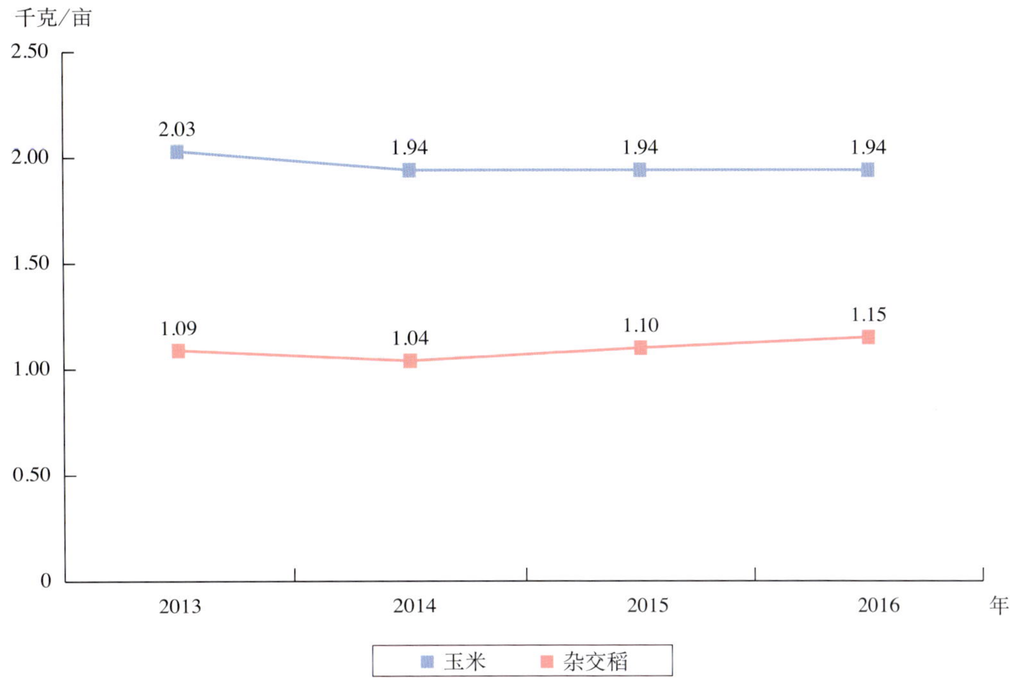

图3-14 2013—2016年全国“两杂”种子亩用种量

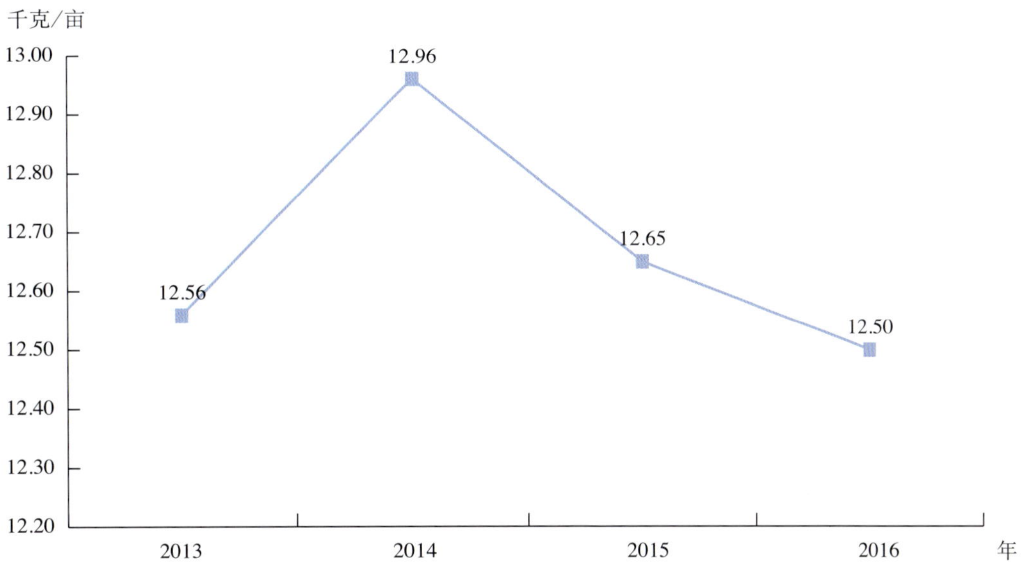

图3-15 2013—2016年全国小麦亩用种量

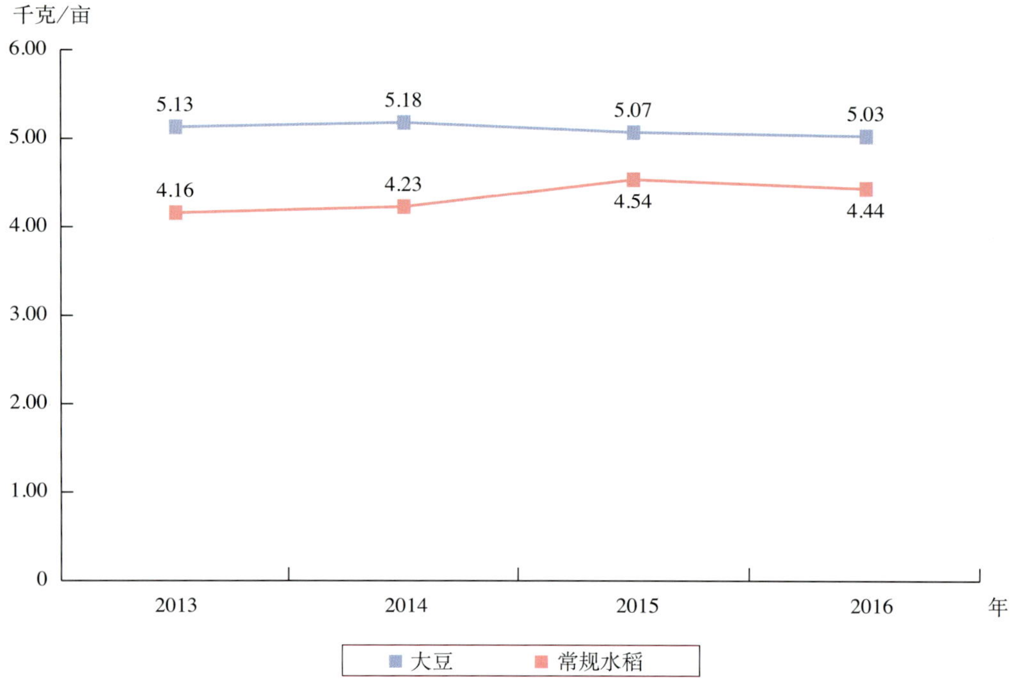

图3-16　2013—2016年全国常规稻和大豆亩用种量

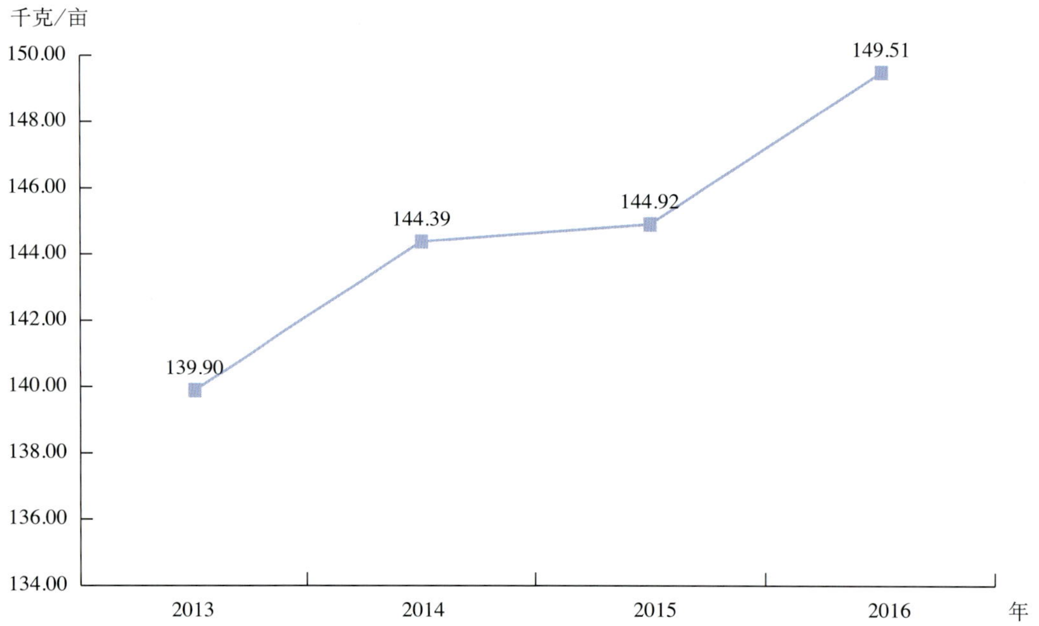

图3-17　2013—2016年全国马铃薯种薯亩用种量

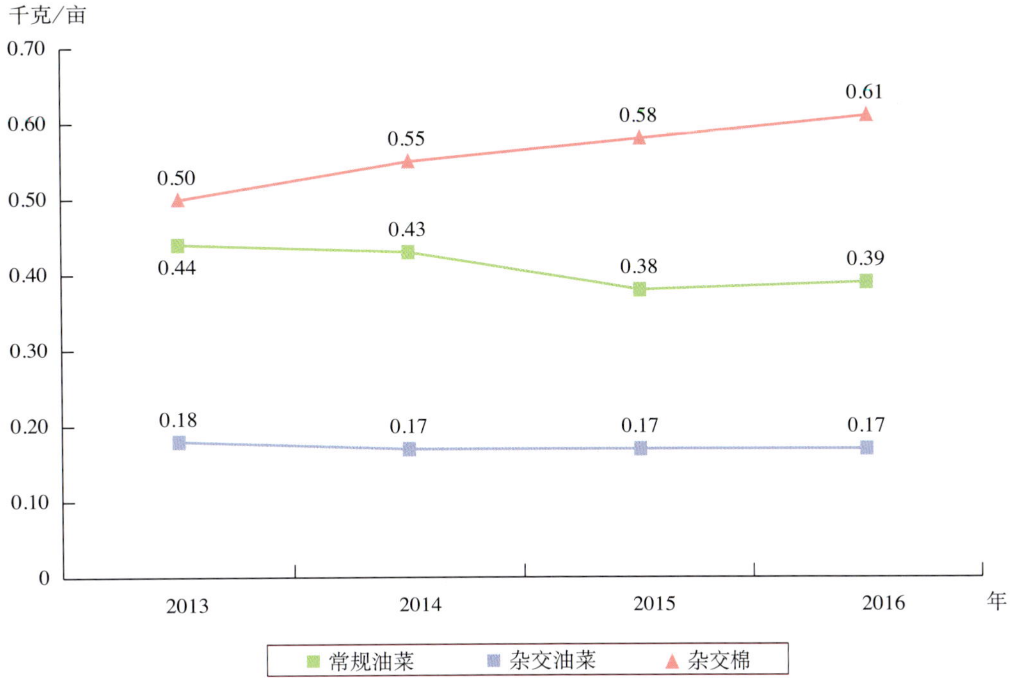

图3-18 2013—2016年全国油菜和杂交棉亩用种量

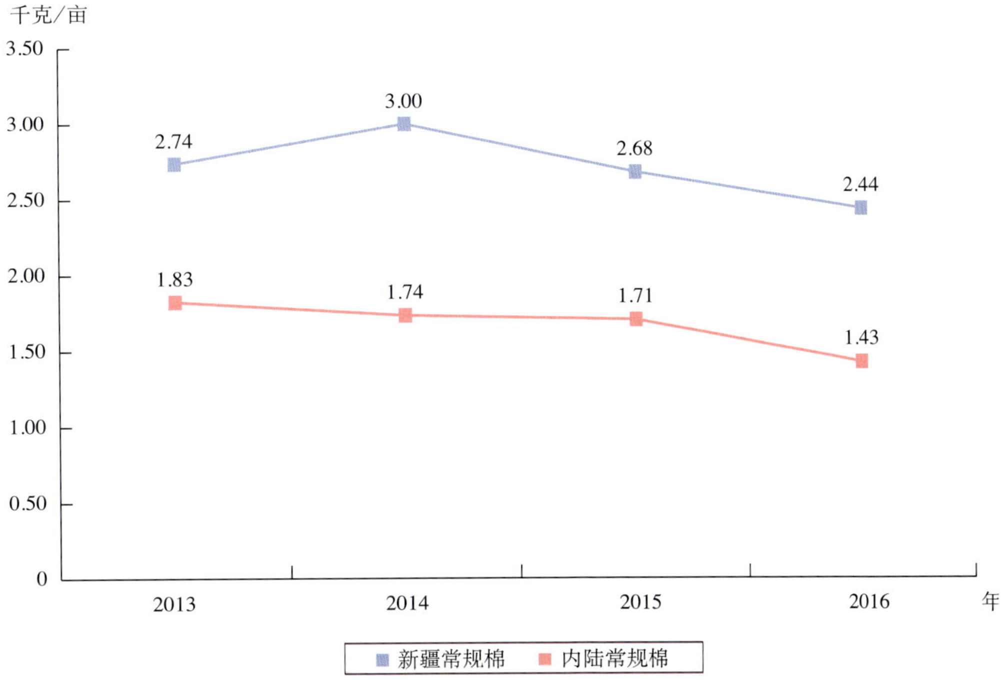

图3-19 2013—2016年全国常规棉亩用种量

表3-1 2016年各作物种子使用量情况

作 物	用种面积（万亩）	亩用种量（千克）	种子使用总量（万千克）
玉米	59 687	1.94	115 519
杂交稻	22 568	1.15	25 950
常规水稻	22 342	4.44	99 249
小麦	36 563	12.50	456 932
大豆	10 184	5.07	51 675
马铃薯	8 940	149.51	267 310*
内陆常规棉	877	1.43	1 251
新疆常规棉	3 031	2.44	7 386
杂交棉	1 138	0.61	6 96
常规油菜	2 194	0.39	8 53
杂交油菜	7 342	0.17	1 248
合计	174 864		1 028 068

* 表示马铃薯种薯按5：1折算，下同。

（二）商品种子使用量

1. 种子商品化率

根据各地调查的种子商品化率，用各地各作物的面积加权估算出全国7种主要农作物种子商品化率见图3-20。

近年来，全国7种主要农作物种子商品化率平稳增长。2016年7种主要农作物种子商品化率为71.52%，与2015年相比增加0.85%。2013—2016年7种主要农作物种子商品化率变化趋势见图3-21。

近年来，全国小麦和常规稻种子商品化率波动趋势明显。2016年小麦商品化率为77.42%，与2015年相比增加3.45%；2016年常规稻种子商品化率为74.62%，比2015年下降2.22%。2013—2016年常规稻和小麦种子商品化率变化趋势见图3-22。

近年来，全国大豆和内陆常规棉种子商品化率增长较快。2016年大豆和内陆常规棉种子商品化率分别为72.97%和88.22%，与2015年相比分别增加2.14%和3.88%。2012—2016年大豆和内陆常规棉种子商品化率变化趋势见图3-23。

近年来，全国马铃薯种薯商品化率呈平稳上升趋势，常规油菜呈缓慢下降趋势。2016年马铃薯种薯商品化率为43.91%，与2015年相比增加0.88%；2016年常规油菜种子商品化率为56.10%，比2015年下降0.46%。2013—2016年马铃薯种薯和常规油菜种子商品化率变化趋势见图3-24。

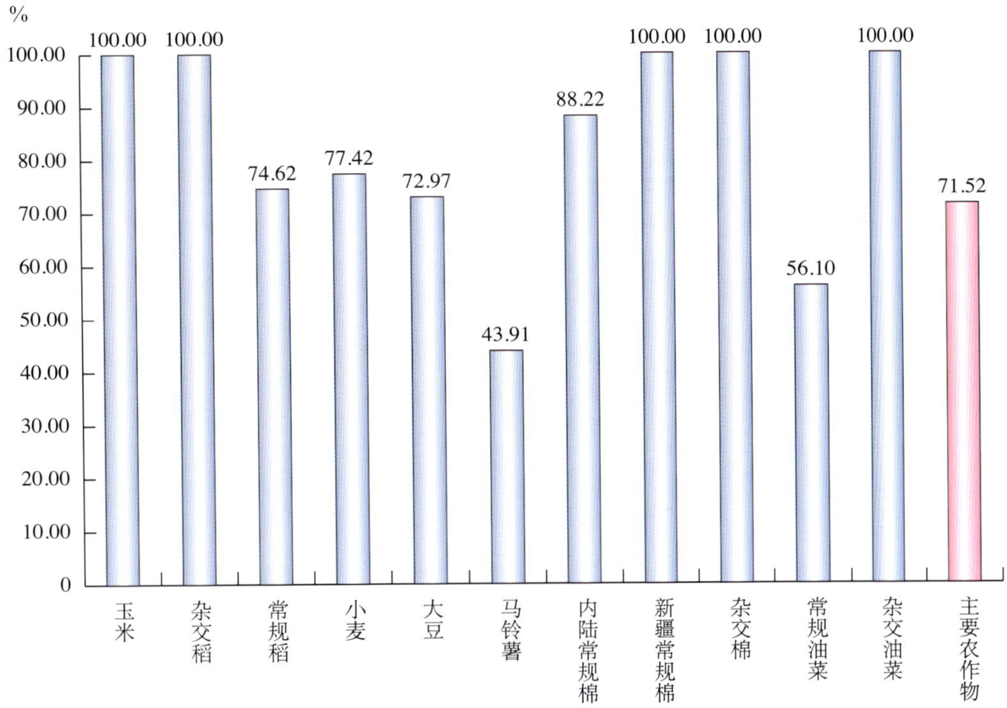

图3-20　2016年全国7种主要农作物种子商品化率

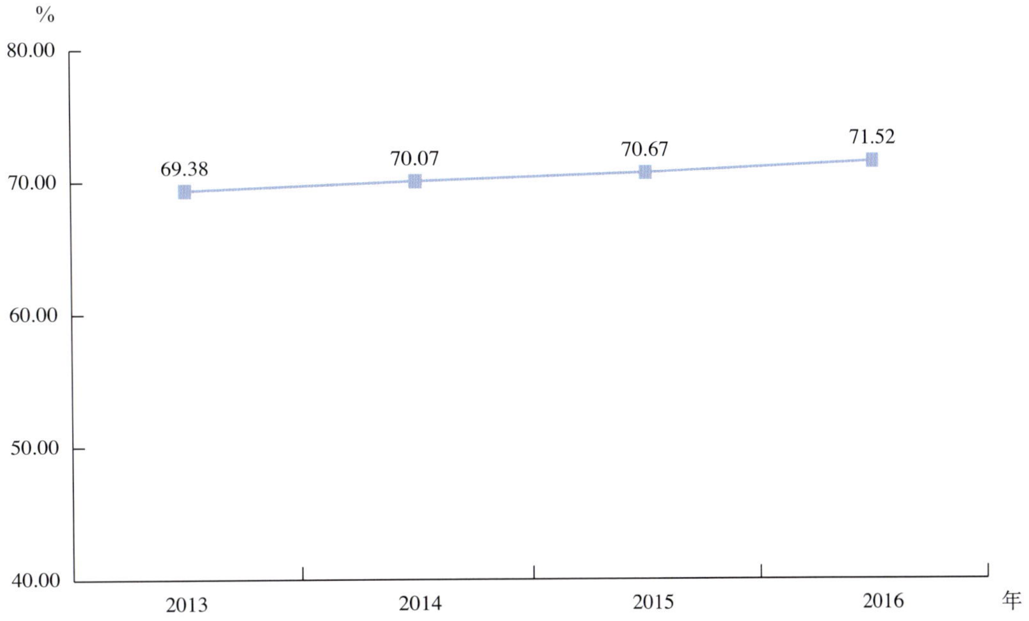

图3-21　2013—2016年全国7种主要农作物种子商品化率

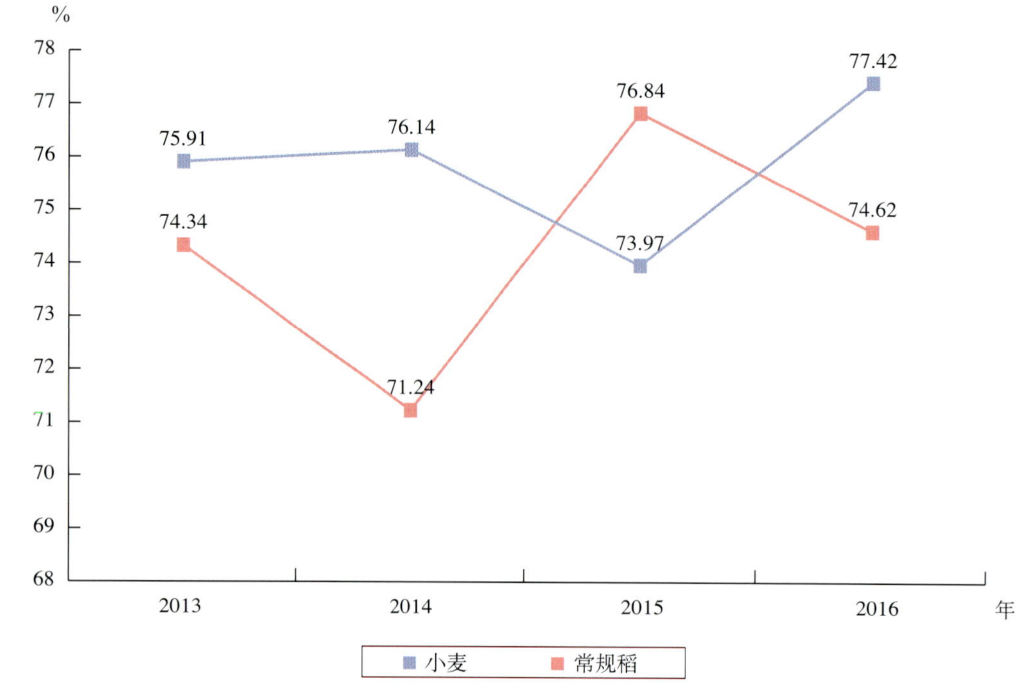

图3-22　2013—2016年全国常规稻和小麦种子商品化率

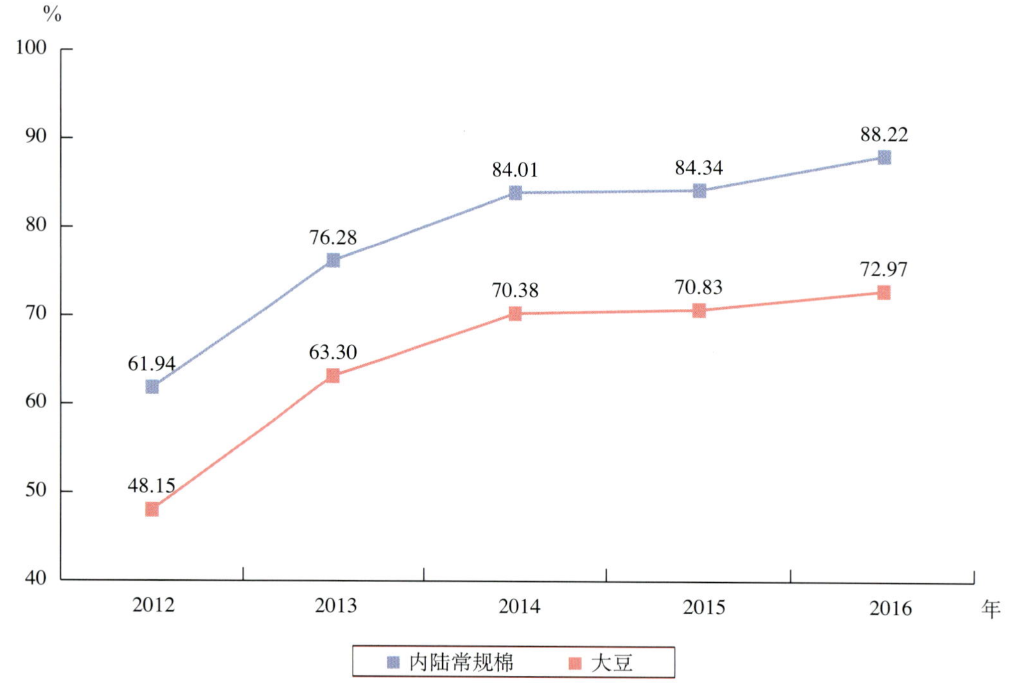

图3-23　2012—2016年全国大豆和内陆常规棉种子商品化率

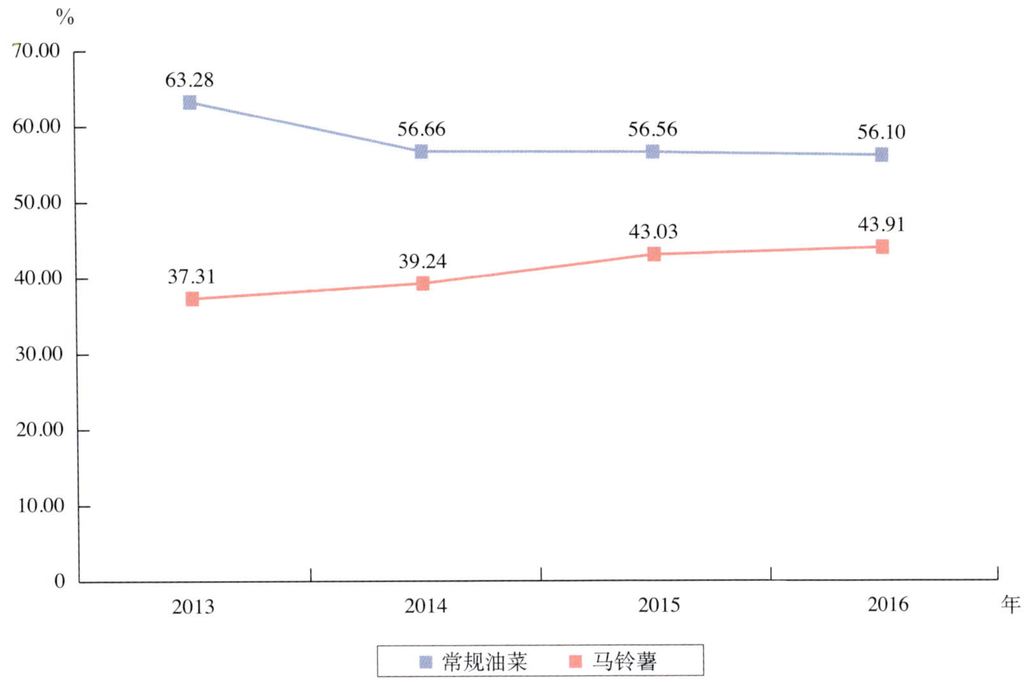

图3-24　2013—2016年全国马铃薯种薯和常规油菜种子商品化率

2. 商品种子使用量

利用7种主要农作物2016年总用种量及其种子商品化率，计算出的各作物商品种子使用量见表3-2。

表3-2　2016年7种主要农作物的商品种子使用量

作　物	种子使用总量（万千克）	种子商品化率（%）	商品种子用量（万千克）
玉米	115 519	100.00	115 519
杂交稻	25 950	100.00	25 950
常规水稻	99 249	74.62	74 060
小麦	456 932	77.42	353 757
大豆	51 675	72.97	37 707
马铃薯	267 310*	43.91	117 376*
内陆常规棉	1 251	88.22	1 104
新疆常规棉	7 386	100.00	7 386
杂交棉	696	100.00	696
常规油菜	853	56.10	479
杂交油菜	1 248	100.00	1 248
合计	1 028 068	71.52	735 280

*　表示马铃薯种薯按5∶1折算。

（三）种子进出口

2016年，我国全年累计审批进口农作物种子1 800万千克，同比增长3.6%；进口额2.6亿美元，与上年持平。其中进口量最大的是蔬菜种子，为970万千克，同比增长4 %，其他农作物种子进口平稳。荷兰、美国、日本、中国香港、意大利等5个国家和地区为我国种子（苗）进口的主要来源地，种子进口额占进口总额的77.8%。2016年共批准出口农作物种子5 270.87万千克，出口额1.95亿美元，分别同比减少20.15%、19.81%。其中出口量最大的是水稻种子，为4 566.22万千克，占出口总量的86.63%，出口额1.38亿美元，占出口总额的70.77%。

三、主要农作物种子价格与市值

（一）商品种子价格

商品种子价格受生产成本、粮价政策、供求关系、作物及其品种、销售时间、销售区域、种子企业与零售商策略等多种因素的影响。本报告根据2016年各省统计的主要作物种子市场零售价，按各省作物种植面积权重做加权平均处理，全国主要农作物种子市场零售价格如下：

1.“两杂”种子市场价格

近年来，全国杂交玉米种子和杂交水稻种子市场零售价格比较平稳。2016年杂交玉米种子市场零售价格为24.11元/千克，比2015年提高0.93元/千克；杂交水稻种子市场零售价格为53.70元/千克，比2015年提高3.92元/千克（图3-25）。

2.其他主要农作物种子价格

近年来，马铃薯种子市场价格平稳上涨，而小麦种子价格平稳。2016年马铃薯和小麦种子市场价格分别为3.2元/千克和4.56元/千克，分别比2015年增加0.18元/千克和0.02元/千克。2013—2016年马铃薯种薯与小麦种子市场零售价变化趋势见图3-26。

近年来，常规稻与大豆种子市场零售价整体呈上升趋势。2016年常规稻和大豆种子市场价格分别为7.48元/千克和8.17元/千克，分别比2015年增加0.22元/千克和0.55元/千克。2013—2016年常规稻与大豆种子市场零售价变化趋势见图3-27。

近年来，全国杂交棉种子市场零售价格下降幅度明显，内陆常规棉市场零售价格较为平稳，新疆常规棉呈现上涨趋势。2016年杂交棉和内陆常规棉市场零售价分别为104.54元/千克和22.18元/千克，比2015年分别减少3.31元/千克和4.37元/千克。2016年新疆常规棉种子市场价格为14.18元/千克，比2015年增加2.44元/千克。2013—2016年杂交棉、内陆常规棉与新疆常规棉种子市场零售价变化趋势见图3-28。

近年来，全国油菜种子的市场价格有轻微波动，2016年常规油菜和杂交油菜种子市场零售价格分别为28.69元/千克和82.04元/千克，分别比2015年减少2.11元/千克和7.58元/千克。2013—2016年杂交油菜与常规油菜种子市场零售价变化趋势见图3-29。

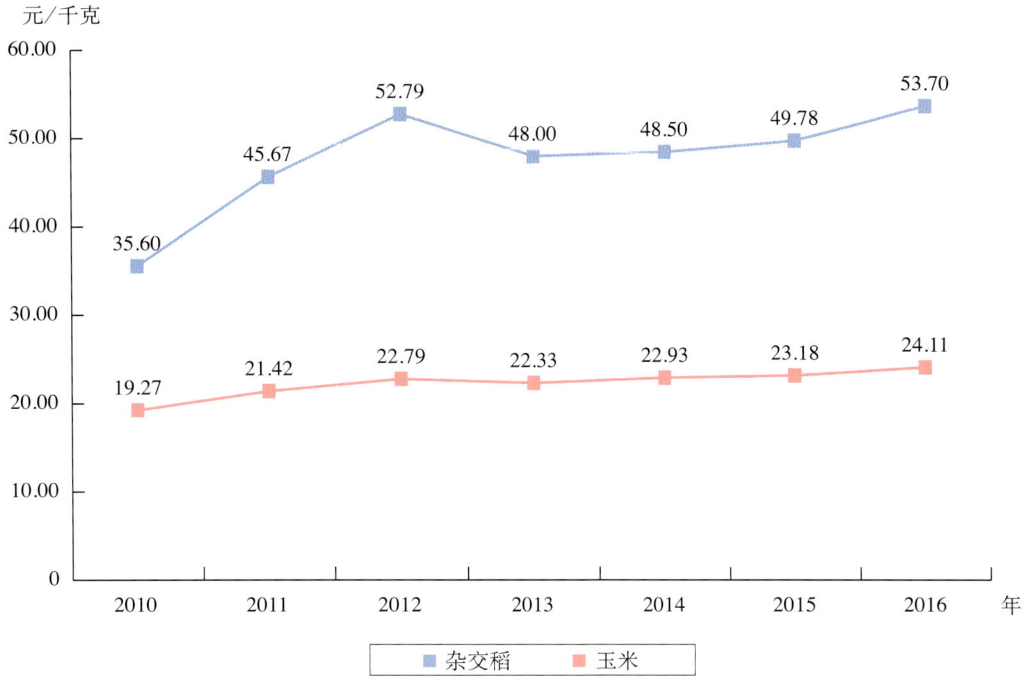

图3-25　2010—2016年“两杂”种子市场零售价

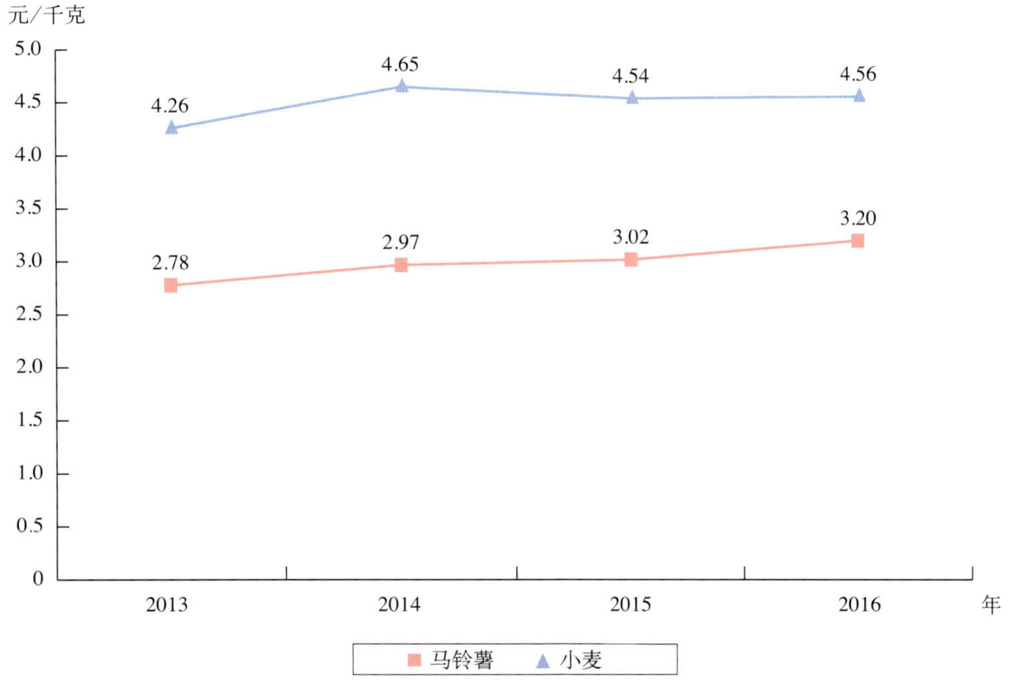

图3-26　2013—2016年马铃薯种薯与小麦种子市场零售价

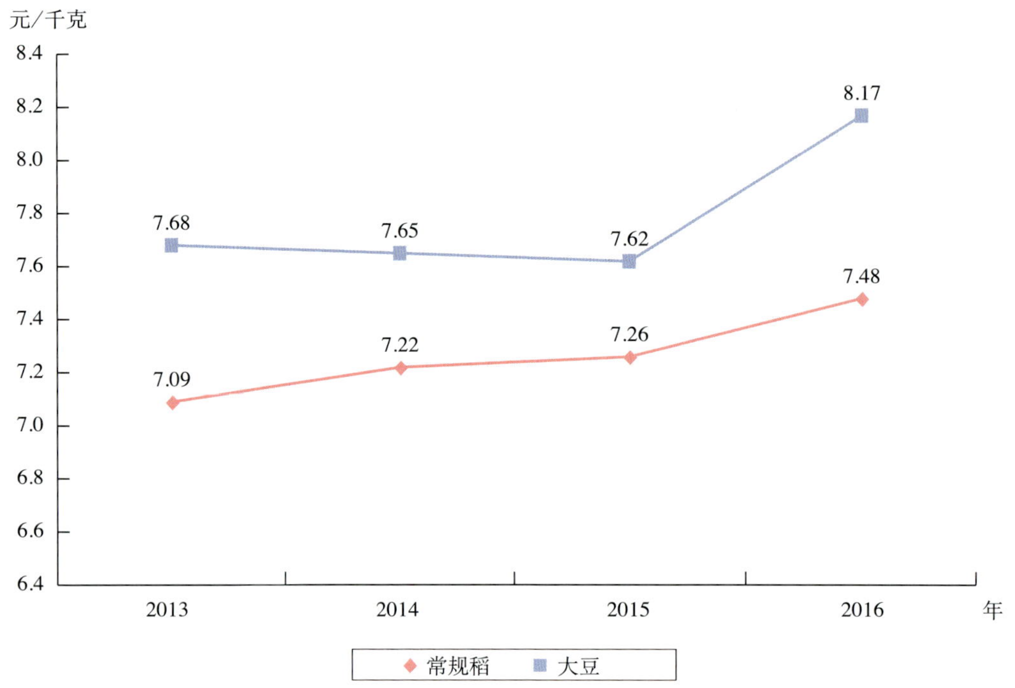

图3-27　2013—2016年常规稻与大豆种子市场零售价

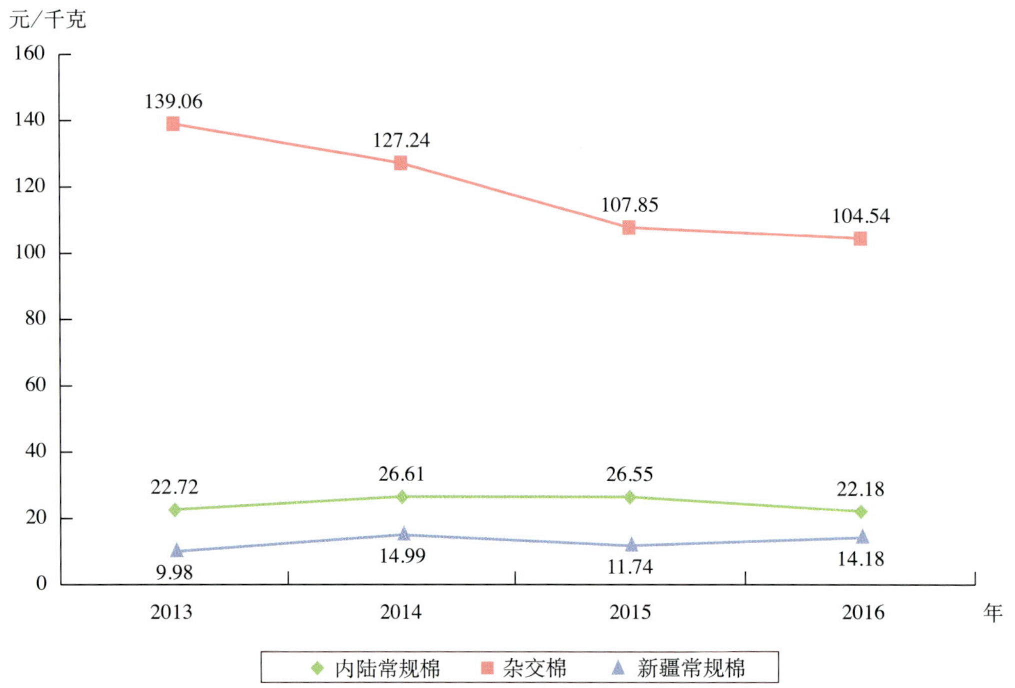

图3-28　2013—2016年杂交棉、内陆常规棉与新疆常规棉种子市场零售价

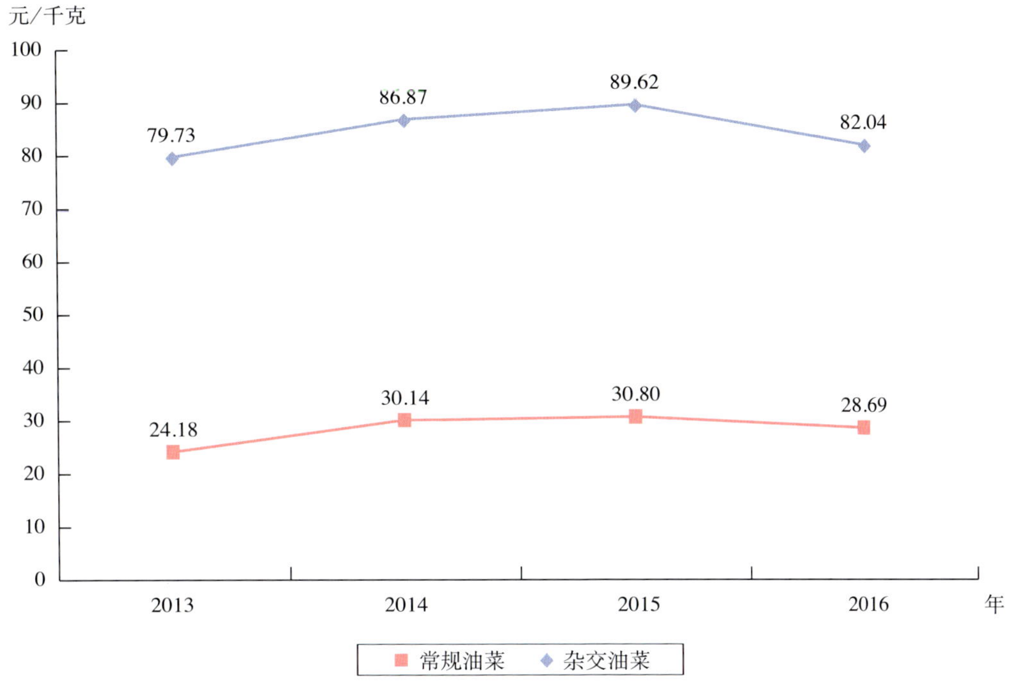

图3-29 2013—2016年杂交油菜与常规油菜种子市场零售价

（二）种子市值及分布

1. 种子市场规模

根据7种主要农作物商品种子使用量、种子价格计算，2016年全国主要农作物种子市值合计884.61亿元。根据业内专家估算，花生、瓜类、蔬菜、花卉类作物的市值约290亿元，其他类种子市值（杂粮、甘蔗、水果苗木等）约55亿元，全国种子市场总规模约1 229.61亿元。种子市场细分情况见表3-3。

表3-3 2016年我国农作物种子市场价值情况

作 物	商品种子使用量（万千克）	加权单价（元/千克）	市值(亿元)
玉米	115 519	24.11	278.50
杂交稻	25 950	53.70	139.35
常规水稻	74 060	7.48	55.37
小麦	353 757	4.56	161.21
大豆	37 707	8.17	30.81
马铃薯	117 376*	3.20	187.55
内陆常规棉	1 104	22.18	2.45

（续）

作　物	商品种子使用量（万千克）	加权单价（元/千克）	市值(亿元)
新疆常规棉	7 386	14.18	10.47
杂交棉	696	104.54	7.28
常规油菜	479	28.69	1.37
杂交油菜	1 248	82.04	10.24
瓜、菜、花	—	—	290
其他	—	—	55
合计	—	—	1 229.61

* 表示马铃薯种薯按5：1折算。

2016年，种子市值较2015年增长59.35亿元，增幅为5.07%。1999—2016年我国农作物种子市值增长状况见图3-30。

全国杂交玉米种子2016年市值为278.50亿元，比2015年减少8.63亿元。2013—2016年杂交玉米种子市值变化趋势见图3-31。

2016年杂交水稻种子市值为139.35亿元，比2015年增长14.41亿元，常规水稻种子市值为55.37亿元，比2015年减少0.38亿元。2013—2016年常规水稻与杂交水稻种子市值趋势变化见图3-32。

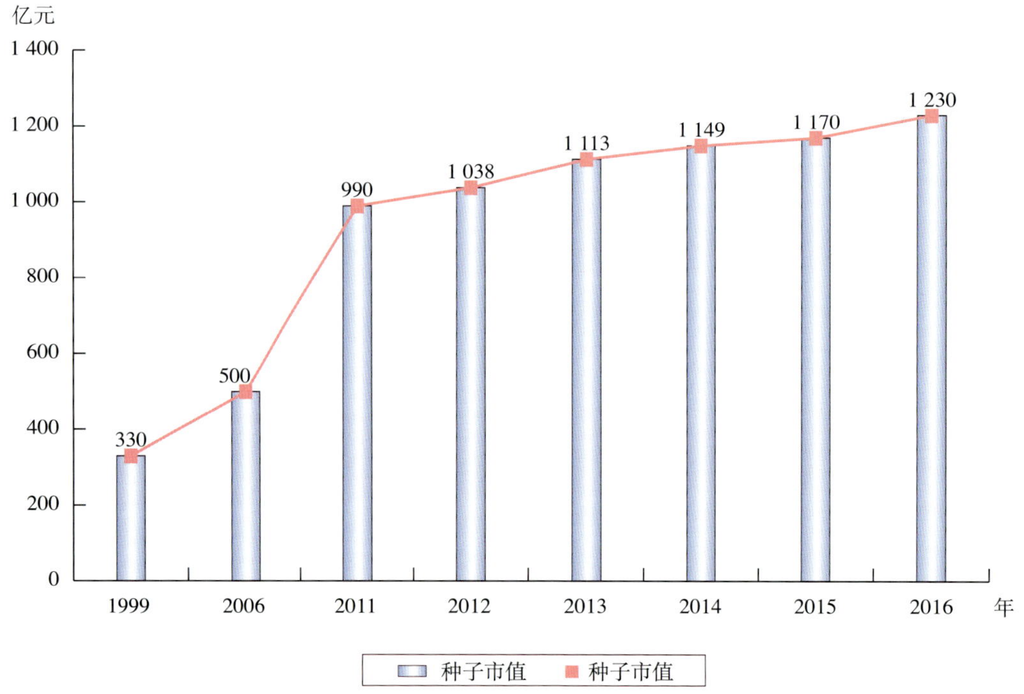

图3-30　1999—2016年我国农作物种子市值增长状况（单位：亿元）

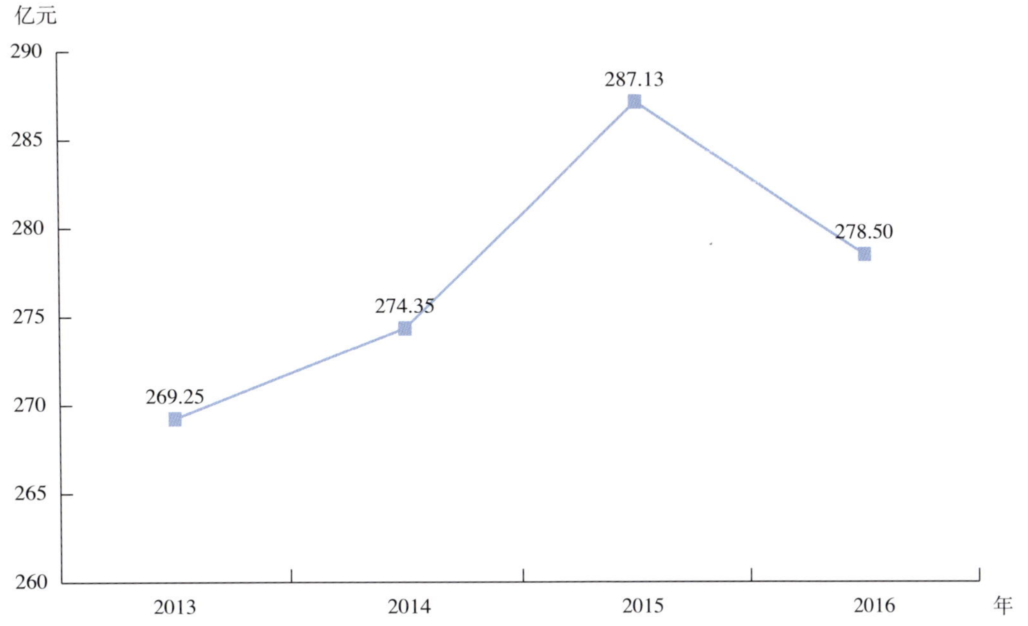

图 3-31 2013—2016 年杂交玉米种子市值情况

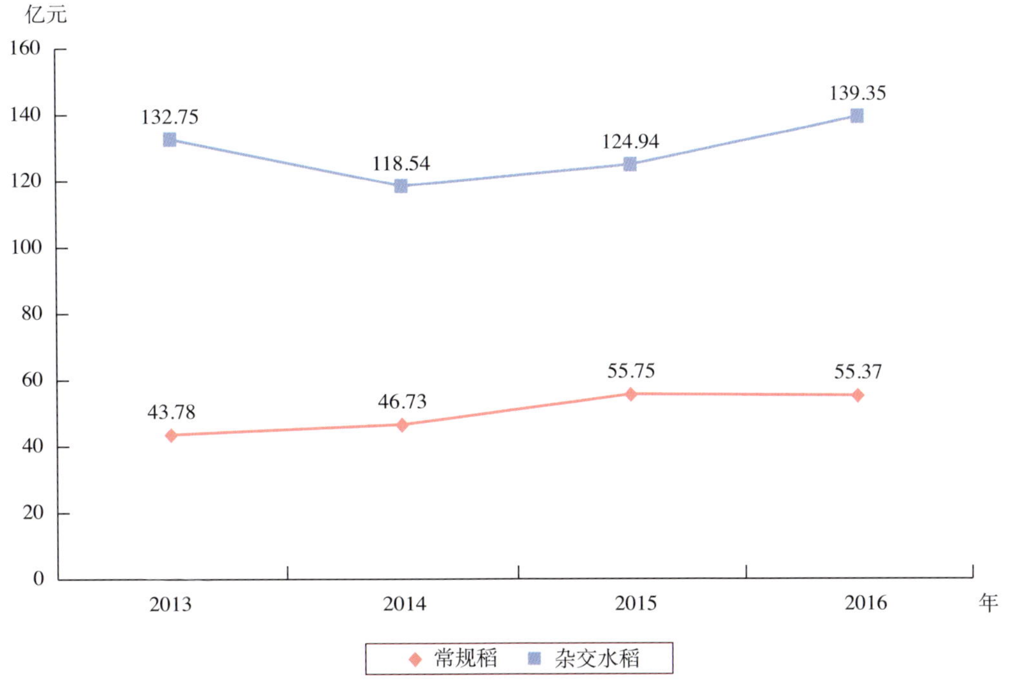

图 3-32 2013—2016 年常规水稻与杂交水稻种子市值情况

全国马铃薯、小麦、大豆种子2016年市值分别为187.55亿元、161.21亿元和30.81亿元，相比2015年均有增加，分别增长27.37亿元、7.38亿元和6.65亿元。2013—2016年大豆、小麦、马铃薯种子市值趋势变化见图3-33。

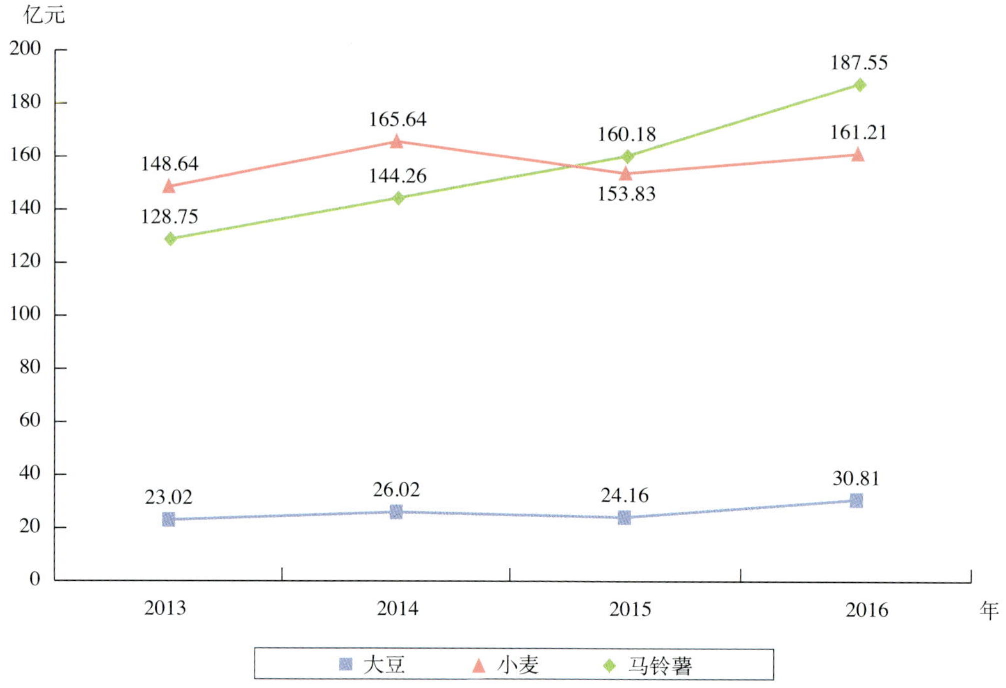

图3-33　2013—2016年大豆、小麦、马铃薯种子市值情况

2016年，全国内陆常规棉和杂交棉种子市值为2.45亿元和7.28亿元，分别比2015年减少2.45亿元和0.54亿元。新疆常规棉花种子市值为10.47亿元，比2015年增长1.16亿元。2013—2016年内陆常规棉、新疆常规棉与杂交棉种子市值趋势变化见图3-34。

2016年，全国常规油菜与杂交油菜种子市值分别为1.37亿元和10.24亿元，与2015年相比分别减少0.16亿元和0.48亿元。2013—2016年常规油菜与杂交油菜种子市值变化趋势见图3-35。

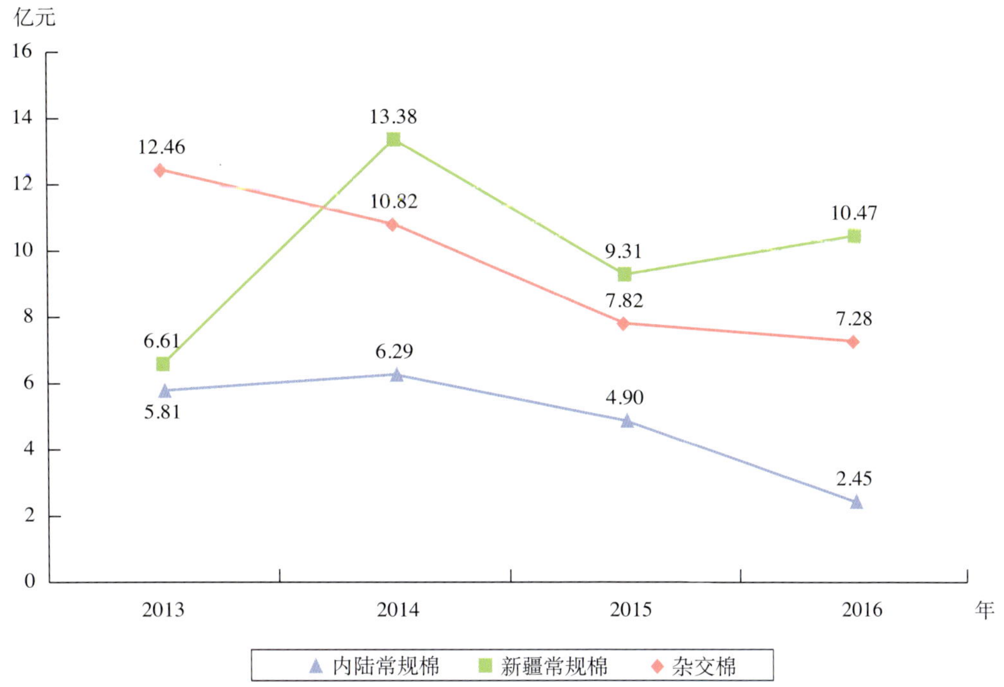

图3-34　2013—2016年内陆常规棉、新疆常规棉与杂交棉种子市值情况

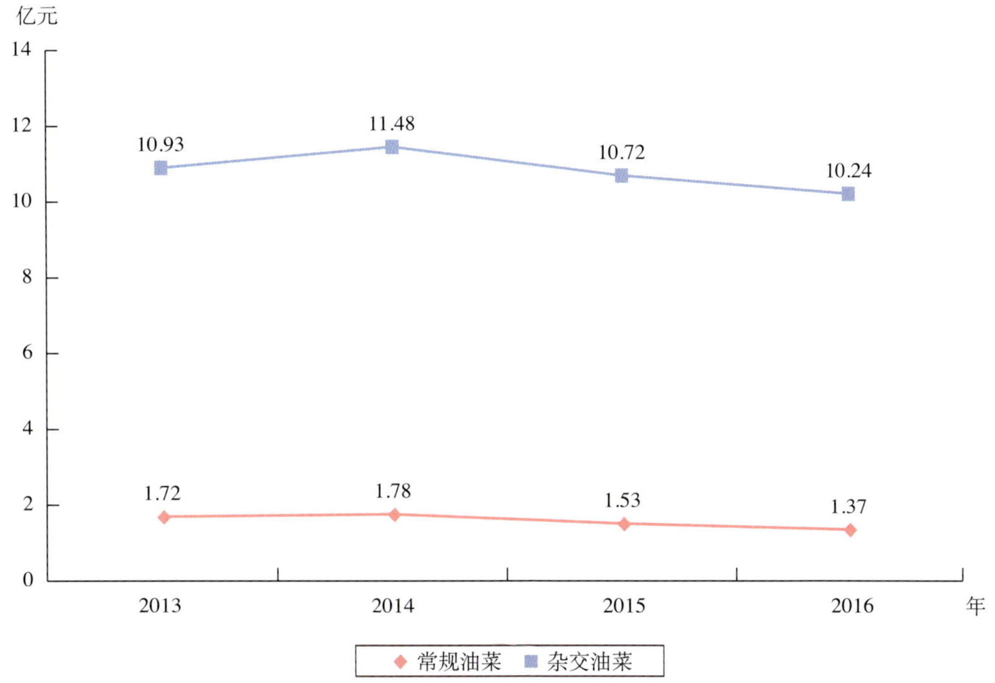

图3-35　2013—2016年常规油菜与杂交油菜种子市值情况

2. 各省种子市值

各省（自治区、直辖市）对本辖区7种主要农作物种子市值进行了调查估算，具体情况见表3-4（由于各省使用数据标准不统一，各省估算市值之和并不等于本报告中全国的种子市值）。排名前10位的是河南、黑龙江、山东、安徽、内蒙古、四川、云南、湖北、河北、甘肃。

表3-4　2016年各省7种主要农作物种子市值排名

（单位：亿元）

序号	省　份	种子市场规模	序号	省　份	种子市场规模
1	河南省	72.80	16	辽宁省	27.38
2	黑龙江省	66.68	17	贵州省	27.12
3	山东省	63.20	18	陕西省	25.75
4	安徽省	58.44	19	江西省	19.13
5	内蒙古自治区	58.20	20	广东省	18.01
6	四川省	49.93	21	山西省	16.08
7	云南省	44.62	22	福建省	14.58
8	湖北省	41.92	23	重庆市	11.28
9	河北省	40.87	24	浙江省	8.38
10	甘肃省	37.37	25	宁夏回族自治区	8.28
11	吉林省	36.75	26	天津市	3.10
12	江苏省	34.78	27	海南省	2.95
13	新疆维吾尔自治区	33.77	28	青海省	1.06
14	湖南省	32.50	29	北京市	0.85
15	广西壮族自治区	31.49	30	上海市	0.76

3. 各主要农作物市值区域分布

2016年，杂交水稻、常规水稻、玉米、小麦、大豆、油菜、棉花、马铃薯种子市值第一大省分别为湖南、黑龙江、黑龙江、河南、黑龙江、四川、新疆、甘肃。2016年分作物种子市值排名前10位省份见图3-36～图3-43。

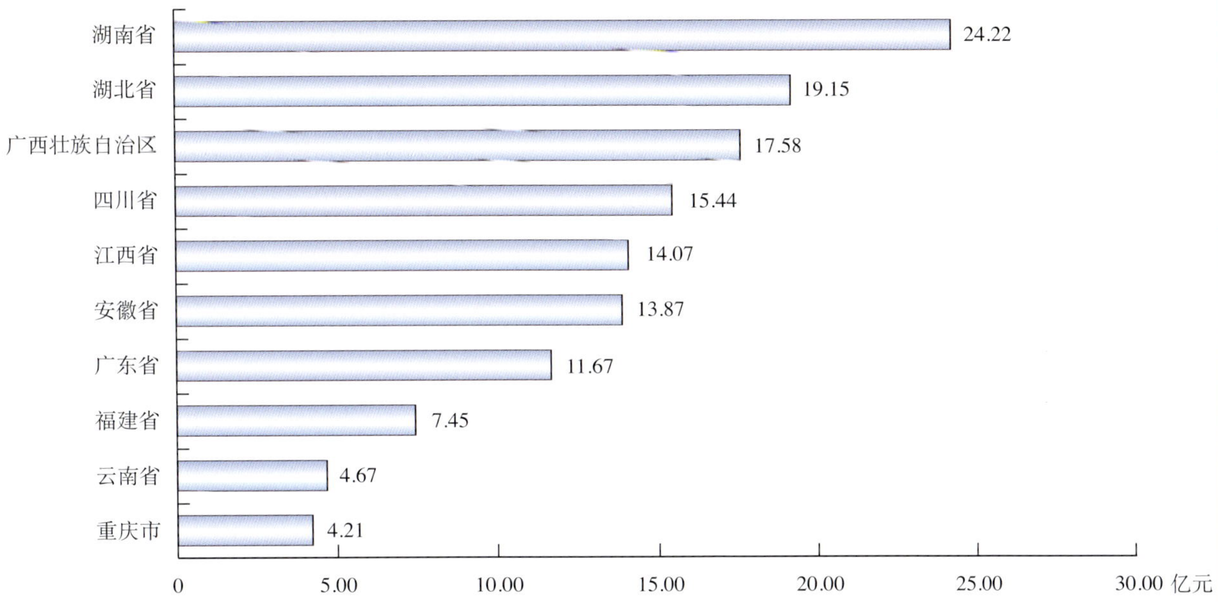

图3-36 2016年杂交水稻种子市值排名前10位省份

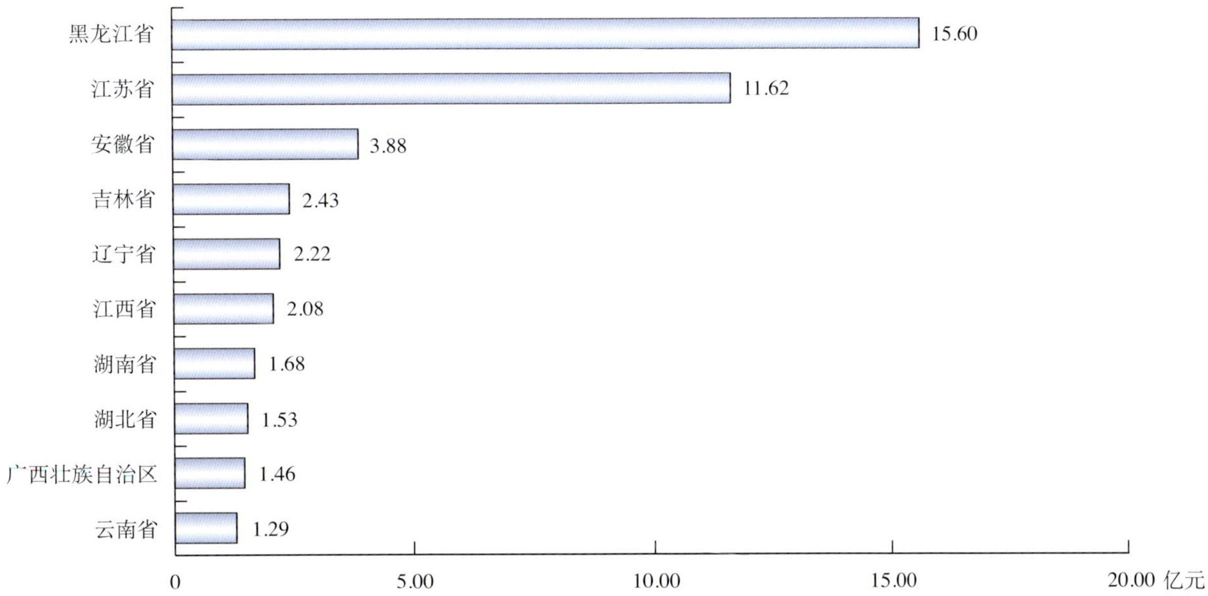

图3-37 2016年常规水稻种子市值排名前10位省份

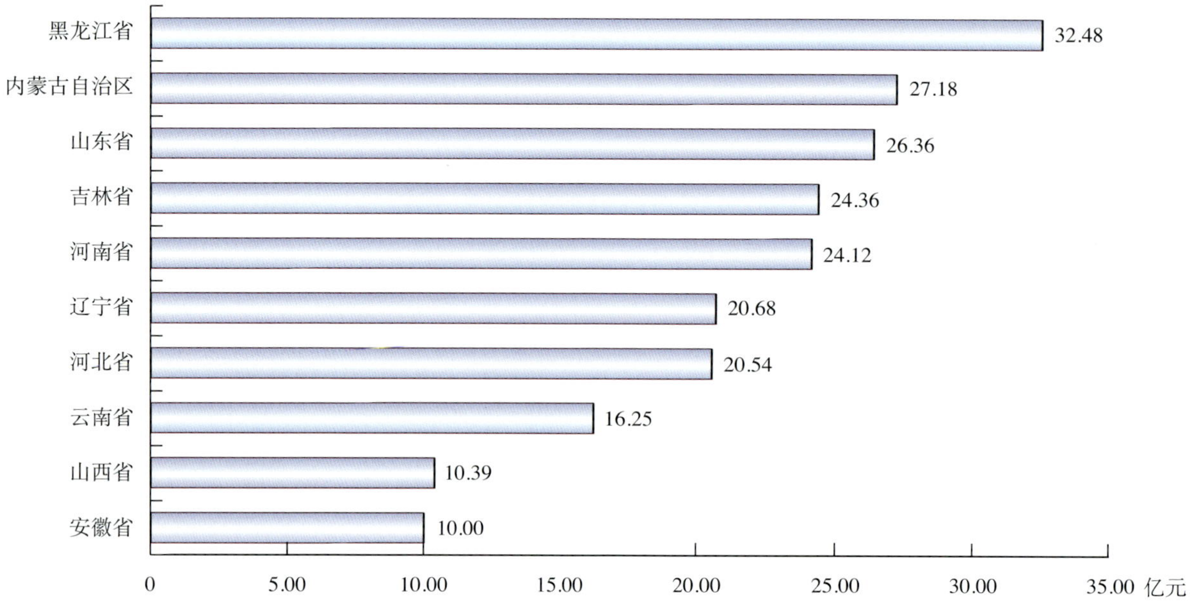

图3-38　2016年玉米种子市值排名前10位省份

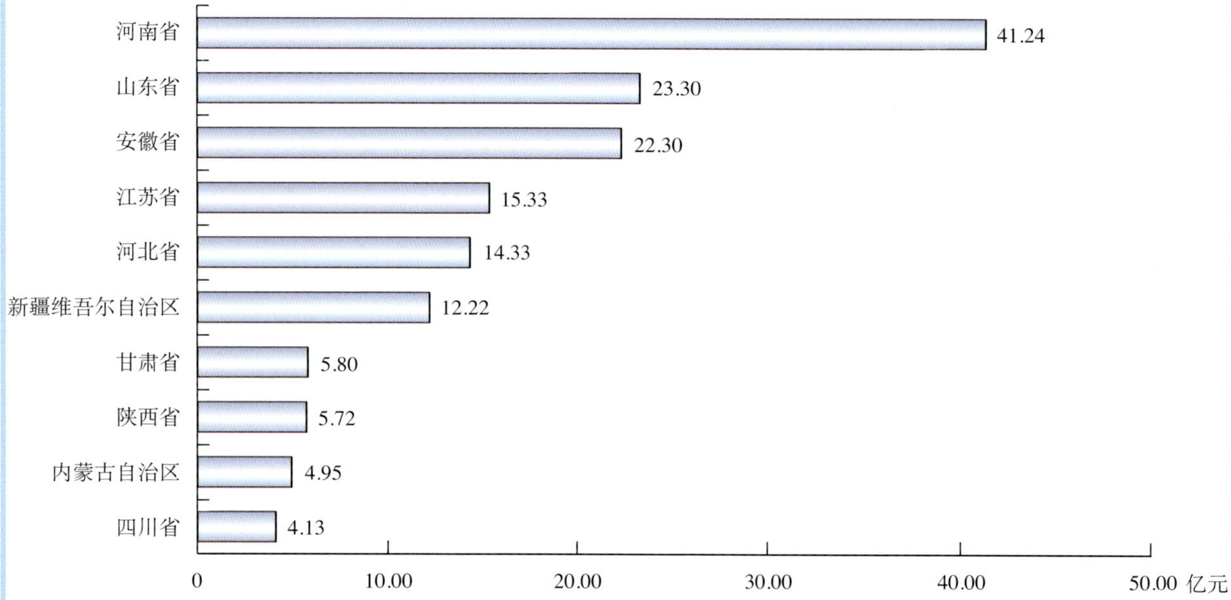

图3-39　2016年小麦种子市值排名前10位省份

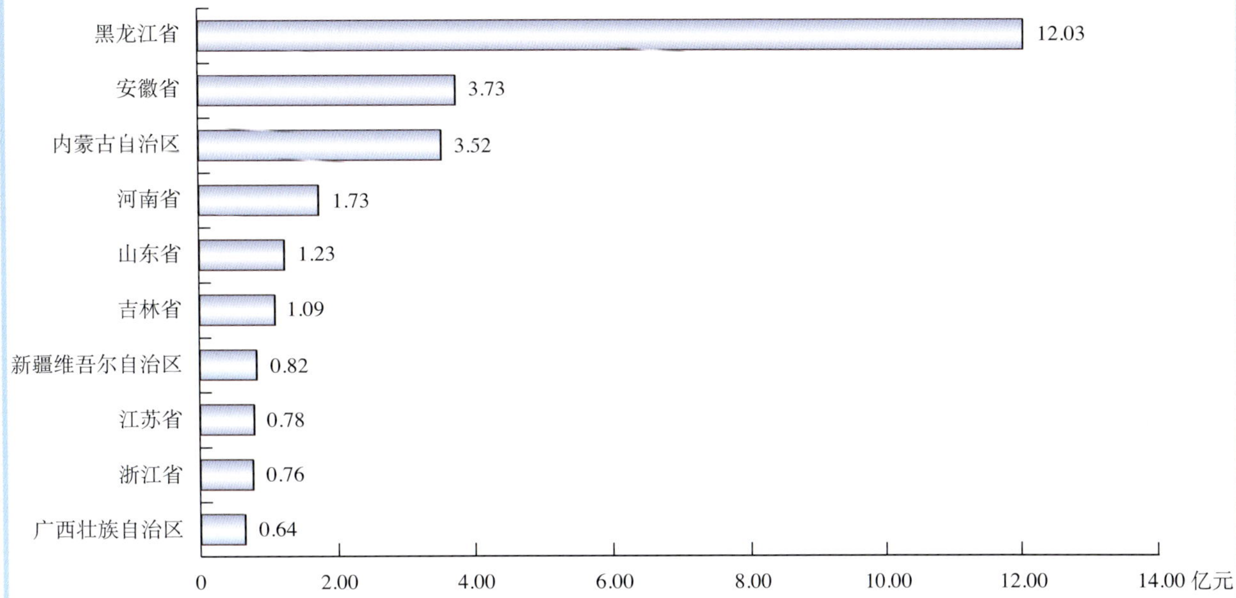

图3-40 2016年大豆种子市值排名前10位省份

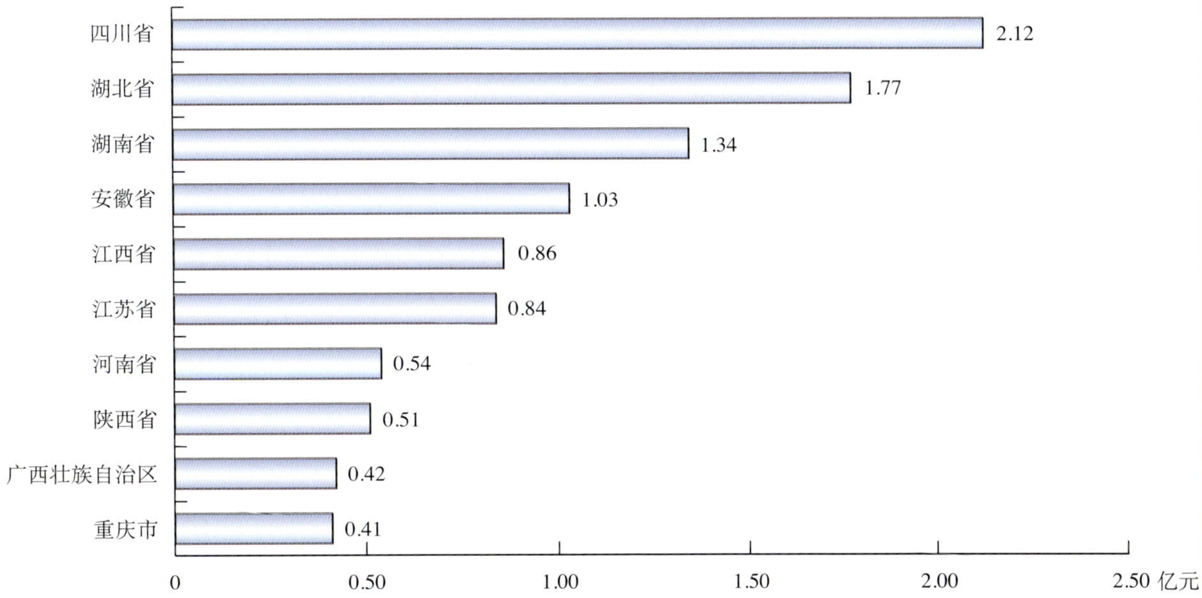

图3-41 2016年油菜种子市值排名前10位省份

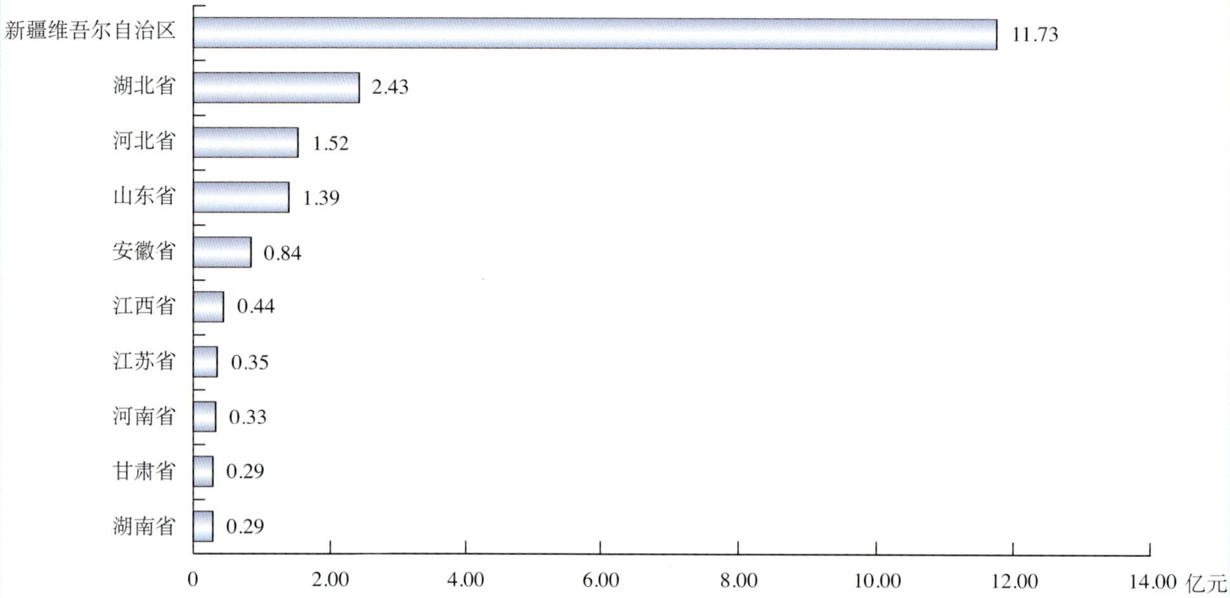

图3-42 2016年棉花种子市值排名前10位省份

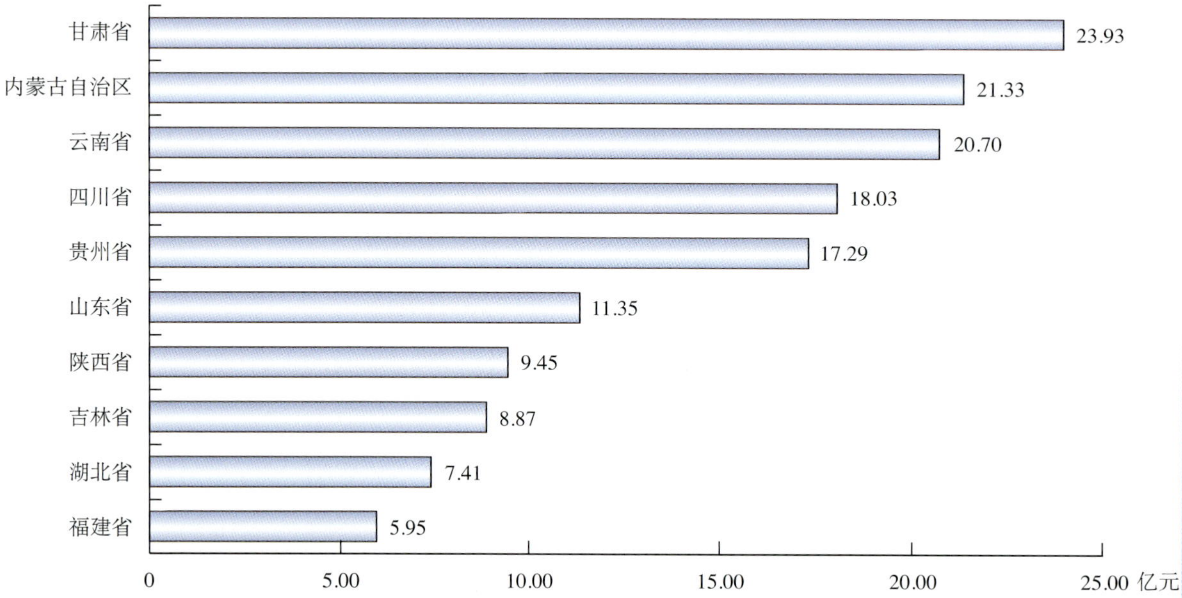

图3-43 2016年马铃薯种子市值排名前10位省份

四、主要农作物品种推广状况

根据全国农业技术推广服务中心对7种主要农作物推广面积统计，10万亩以上品种有2 830个，其中1 000万亩以上品种有11个，同比减少3个。

（一）玉米

2016年，推广面积在10万亩以上的玉米品种有992个，推广总面积48 051万亩。单个品种推广面积超过1 000万亩的有4个，郑单958的推广面积最大，占8.2%。前10位品种为郑单958、先玉335、京科968、登海605、浚单20、隆平206、德美亚1、伟科702、中单909和蠡玉16，推广面积为14 962万亩，占10万亩以上玉米品种推广总面积的31.1%。

2016年，前5位玉米品种种植集中度（前5位品种推广面积占10万亩以上品种推广总面积的比例，简称“CR_5”）为24.0%，比上年下降了0.2个百分点。2000—2016年玉米品种CR_5呈现显著的阶段性特征，2001—2010年波动上升，10年平均CR_5为32.4%，2010年达到最高36.2%。2011年以后CR_5逐年小幅回落。2000—2016年玉米品种CR_5的变化趋势见图3-44。

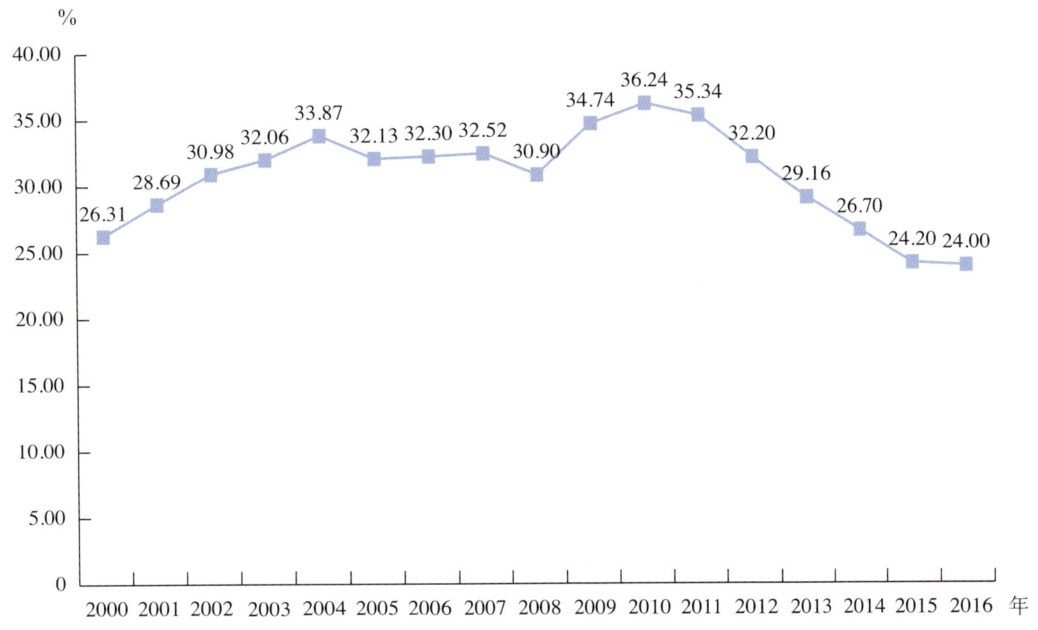

图3-44 2000—2016年玉米品种的种植集中度（CR_5）

（二）水稻

1. 杂交水稻

2016年推广面积在10万亩以上的杂交水稻品种有534个，推广总面积18 024万亩。前10位品种为天优华占、C两优华占、深两优5814、Y两优1号、五优308、两优688、扬两优6号、冈优188、川优6203和中浙优8号，推广面积为2 329万亩，占10万亩以上杂交水稻品种推广总面积的13.6%。

杂交水稻CR_5为8.3%，比2015年减少了1.3个百分点。自2000年以来，杂交水稻CR_5总体呈下降趋势，到2010年仅为2001年的一半左右，2010年以后CR_5稳定在10%左右。2000—2016年杂交水稻品种CR_5的变化趋势见图3-45。

2. 常规水稻

2016年推广面积在10万亩以上的品种有296个，推广总面积16 556万亩。单个品种推广面积超过1 000万亩的有1个，龙粳31，推广面积占8.4%。前10位品种为龙粳31、中嘉早17、黄华占、绥粳18、南粳9108、淮稻5号、龙粳43、龙粳39、湘早籼45和盐丰47，推广面积为5 839万亩，占10万亩以上品种推广总面积的35.3%。常规水稻CR_5为24.5%，比上年上升了2个百分点。

从趋势看，相比杂交水稻品种，常规水稻CR_5相对稳定，但变化具有明显的阶段性特征。2000—2005年常规水稻CR_5小幅回升，平均值在21.7%左右；2005年之后，常规水稻CR_5略有下降；但在2010年之后，又呈增加的态势，2013年达到最高值；2014年后明显下降。2000—2016年水稻品种的种植集中度（CR_5）变化趋势见图3-45。

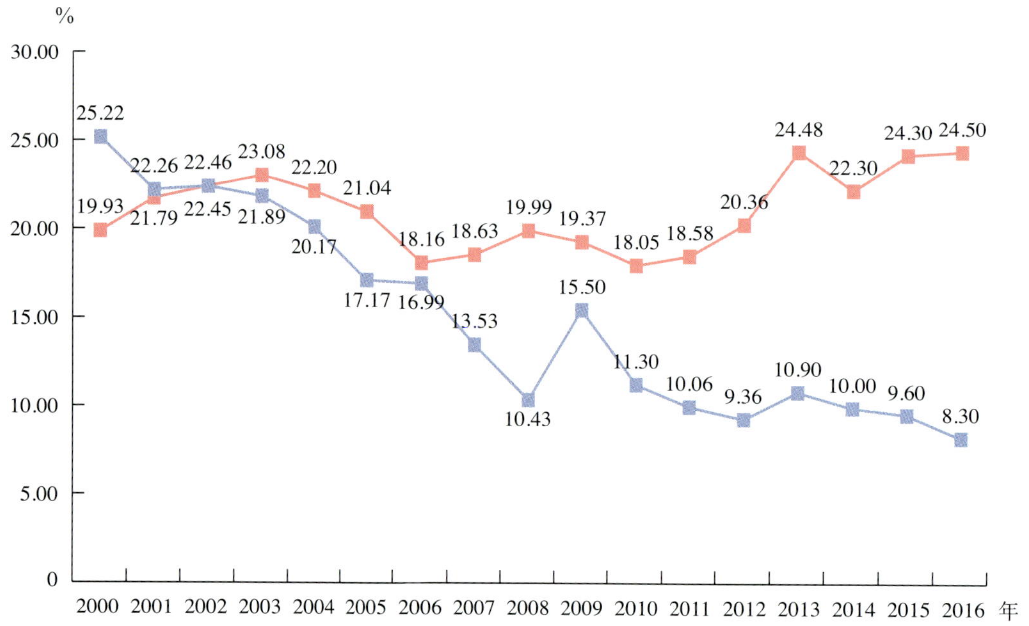

图3-45　2000—2016年水稻品种的种植集中度（CR_5）

（三）小麦

2016年小麦推广面积在10万亩以上的品种有442个，推广总面积33 374万亩。其中，前10位品种为济麦22、山农20、鲁原502、西农979、郑麦9023、郑麦7698、烟农19号、周麦27、百农AK58和百农207，推广面积11 295万亩，占小麦品种推广总面积的33.84%。单个品种推广面积超过1 000万亩的有6个，与去年持平。

冬小麦品种CR_5为22.9%，比上年下降了3.5个百分点。居于前5位的品种分别是济麦22、山农20、鲁原502、西农979和郑麦9023；其中，推广面积最大的品种是济麦22，占推广总面积的5.7%。从2000—2016年，冬小麦品种CR_5表现出周期性的波动特征，没有明显的变化趋势。2001—2013年冬小麦品种CR_5均值为26.9%，并表现出显著的周期性特征，平均5年1个周期，围绕25%上下波动（图3-46）。

春小麦品种CR_5为47.9%。居于前5位的品种分别是宁春4号、新春6号、龙麦35、龙麦33和新春11；其中宁春4号的推广面积占推广总面积的23.5%。总的来看，春小麦品种CR_5在37%～54%间振荡。2000—2016年小麦品种的种植集中度（CR_5）变化趋势见图3-46。

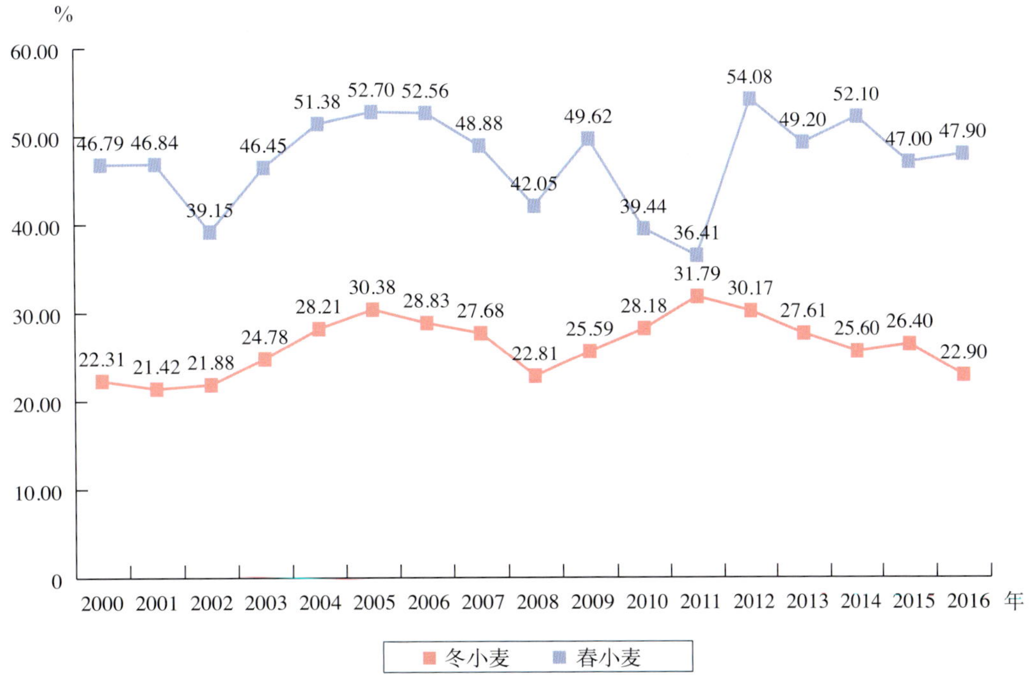

图3-46　2000—2016年小麦品种的种植集中度（CR_5）

（四）油菜

2016年推广面积在10万亩以上的品种有205个，推广总面积6 880万亩。其中，前10位品种为沣油737、华油杂9号、青杂5号、丰油730、华油杂62、中双9号、秦优10号、阳光2009、浙油50和中油杂11，推广面积为1 449万亩，占油菜品种推广总面积的21.06%。

（五）大豆

2016年推广面积在10万亩以上的品种有182个，推广总面积7 438万亩。其中，前10位品种为黑河43、中黄13、绥农36、克山1号、合丰55、绥农35、齐黄34、东生7、冀豆12和合丰50，推广面积2 586万亩，占大豆品种推广总面积的34.77%。

（六）马铃薯

2016年推广面积在10万亩以上的品种有92个，推广总面积7 221万亩。其中，前10位品种是克新1号、费乌瑞它、米拉、青薯9号、会-2、陇薯3号、鄂马铃薯5号、威芋3号、大西洋和合作88，推广面积4 157万亩，占马铃薯品种推广总面积的57.57%。

（七）棉花

2016年推广面积在10万亩以上的品种有89个，推广总面积3 549万亩。其中，前10位品种均为常规棉，分别是中棉所49、新陆早45、新陆中37、新陆中54、新陆中46、新陆早61、鲁棉研28、新陆中47、新陆中72和新陆早62，推广面积为1 579万亩，占棉花品种推广总面积的44.49%。

第四篇　种子企业发展

一、总体状况

（一）种子企业数量与规模

1. 企业数量

截至2016年底，我国持有效经营许可证的企业数量为4 316家，与2015年相比减少344家。

自2010年以来，种子企业数量减少4 384家，合计减幅达到50%以上（图4-1）。

2. 企业资产规模

2016年，全国种子企业资产总额达到1 867.55亿元，与2015年相比减少20.77亿元。资产总额1亿元以上的达到373家，与2015年相比增加39家，其中10亿元以上的种子企业18家，增加1家；5亿～10亿元（含）的27家，增长7家；2亿～5亿元（含）的123家，增加43家；1亿～2亿元（含）的205家，增加41家。

2016年种子企业净资产总额1 239.35亿元，与2015年相比增加42.72亿元。种子企业固定资产总额434.62亿元，与2015年相比增加5.08亿元。净资产与固定资产数额超过1亿元以上企业数目变化情况见表4-1。

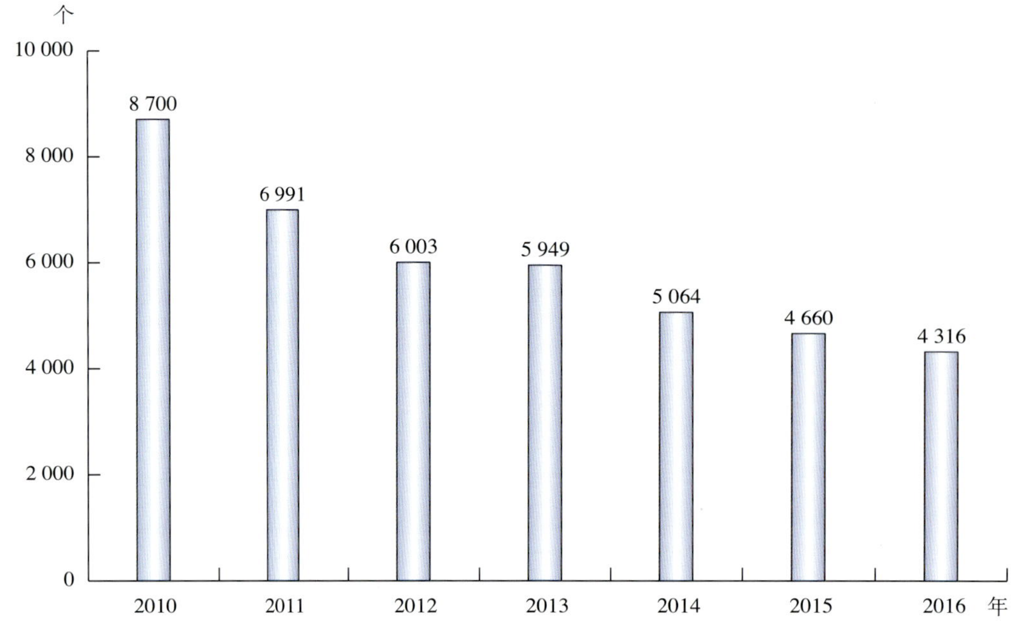

图4-1　2010—2016年全国持有效经营许可证的种子企业数量变化

表4-1 资产超过1亿元以上企业数量

单位：个

金　额	固定资产					净资产				
	2016年	2015年	2014年	2013年	2012年	2016年	2015年	2014年	2013年	2012年
≥20亿元	0	0	0	0	0	4	3	2	1	1
≥10亿元	0	0	0	0	0	11	10	6	6	6
≥5亿元	4	4	3	3	3	24	22	11	11	8
≥2亿元	17	21	15	8	6	92	79	47	47	34
≥1亿元	50	49	45	28	25	210	193	142	142	106

3. 从业人员状况

截至2016年底，全国种子企业职工120 538人，与2015年相比减少787人。企业职工中具有硕士学历以上人员5 885人，占4.88%。种子企业从事科研人员24 354人，同比减少1 080人，科研人员占比达到20.2%。大型企业聚集种业科研人员数量较多，除组建自有科研团队外，还聘用了科研院所等单位科研人员3 123人。

表4-2 2010—2016年统计企业高学历人数

单位：个

统计项目	2010年	2011年	2012年	2013年	2014年	2015年	2016年
职工总人数	93 577	96 277	91 298	114 612	129 978	121 325	120 538
其中：博士	563	671	697	853	1 201	1 271	1 357
硕士	2 518	2 809	3 053	3 627	4 690	4 624	4 528
科研人数	13 296	14 537	14 034	16 722	25 177	25 434	24 354

（二）种子企业经营业绩

1. 企业销售状况

（1）种子销售收入。种子企业的种子销售收入包括代制（繁）种子销售收入和商品种子销售收入。2016年，全国种子企业共实现种子销售收入752.07亿元，与2015年相比减少40.81亿元，其中代制（繁）种子销售收入100.92亿元，与2015年相比增加11.57亿元，商品种子销售收入651.15亿元，与2015年相比减少52.39亿元。

商品种子销售收入包括销售本企业商品种子和销售其他企业的商品种子的收入。2016年，种子企业销售本企业商品种子的销售收入575.07亿元，与2015年相比减少41.22亿元；销售其他企业商品种子的销售收入76.08亿元，与2015年相比减少11.16亿元。

2010年以来，全国种子企业种子销售收入变动情况见图4-2。

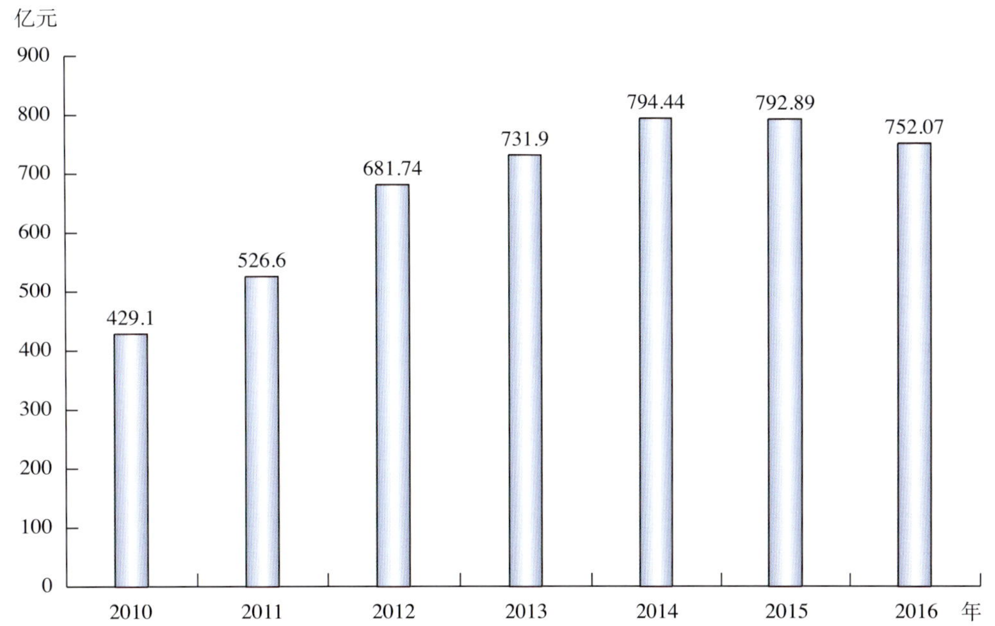

图4-2 2010—2016年企业种子销售收入变动情况

2016年企业各项种子销售收入情况见表4-3。

表4-3　2015—2016年全国种子企业各项种子销售收入

	2015年	2016年
一、种子销售收入	792.89	752.07
1 代制（繁）种子销售收入（亿元）	89.35	100.92
2 商品种子销售收入（亿元）	703.54	651.15
2.1 销售本企业商品种子（亿元）	616.29	575.07
2.1.1 在国内销售本企业商品种子（亿元）	609.58	565.96
2.1.2 出口销售本企业商品种子（亿元）	6.71	9.11
2.2 销售其他企业商品种子（亿元）	87.24	76.08
二、持证企业数量（个）	4 660	4 316

（2）种子销售收入前十强企业。2016年种子销售收入过亿元的种子企业中，超过1亿元的143家，超过2亿元的49家，超过5亿元的13家，超过10亿元的4家，超过20亿元的1家。种子销售收入前5名实现销售74.43亿元，与2015年相比增加1.7亿元，前10名销售收入106.08亿元，与2015年相比增加2.37亿元，前50名销售收入220.89亿元，与2015年相比减少16.53亿元。2016年种子销售收入排名前10的企业见表4-4。

表4-4　2016年种子销售收入前10名企业

单位：亿元

排名	单位名称	销售额	排名	单位名称	销售额
1	袁隆平农业高科技股份有限公司	21.61	6	中国种子集团有限公司	–
2	北大荒垦丰种业股份有限公司	16.38	7	北京金色农华种业科技股份有限公司	–
3	山东登海种业股份有限公司	15.98	8	广东鲜美种苗股份有限公司	6.01
4	江苏省大华种业集团有限公司	–	9	安徽荃银高科种业股份有限公司	5.71
5	中农发种业集团股份有限公司	–	10	乐陵希森马铃薯产业集团有限公司	–

（3）商品种子销售前十强企业。2016年，商品种子销售额过亿元的种子企业超过1亿元的126家，超过2亿元的46家，超过5亿元的11家，超过10亿元的3家。商品种子销售额前5名实现销售69.71亿元，与2015年相比减少0.9亿元；前10名销售额98.89亿元，与2015年相比减少5.93亿元；前50名销售额203.69亿元，与2015年相比减少20.27亿元。商品种子销售收入排名前10的企业见表4-5。

表4-5 2016年商品种子销售额前10名企业

单位：亿元

排名	单位名称	销售额	排名	单位名称	销售额
1	袁隆平农业高科技股份有限公司	21.61	6	北京金色农华种业科技股份有限公司	—
2	北大荒垦丰种业股份有限公司	16.38	7	广东鲜美种苗股份有限公司	6.01
3	山东登海种业股份有限公司	15.98	8	乐陵希森马铃薯产业集团有限公司	—
4	中农发种业集团股份有限公司	—	9	安徽荃银高科种业股份有限公司	5.70
5	中国种子集团有限公司	—	10	江苏省大华种业集团有限公司	—

2. 企业利润状况

（1）全国种子企业利润。2016年，全国种子企业实现利润总额79.29亿元，其中种子销售利润64.80亿元，与2015年相比减少11.11亿元（图4-3）。种子企业实现净利润总额65.79亿元，其中种子销售净利润60.43亿元，较2015年减少10.75亿元。

种子企业实现种子销售盈利3 569家，同比减少137家，实现利润93.70亿元；亏损企业654家，减少16家，亏损额21.75亿元。

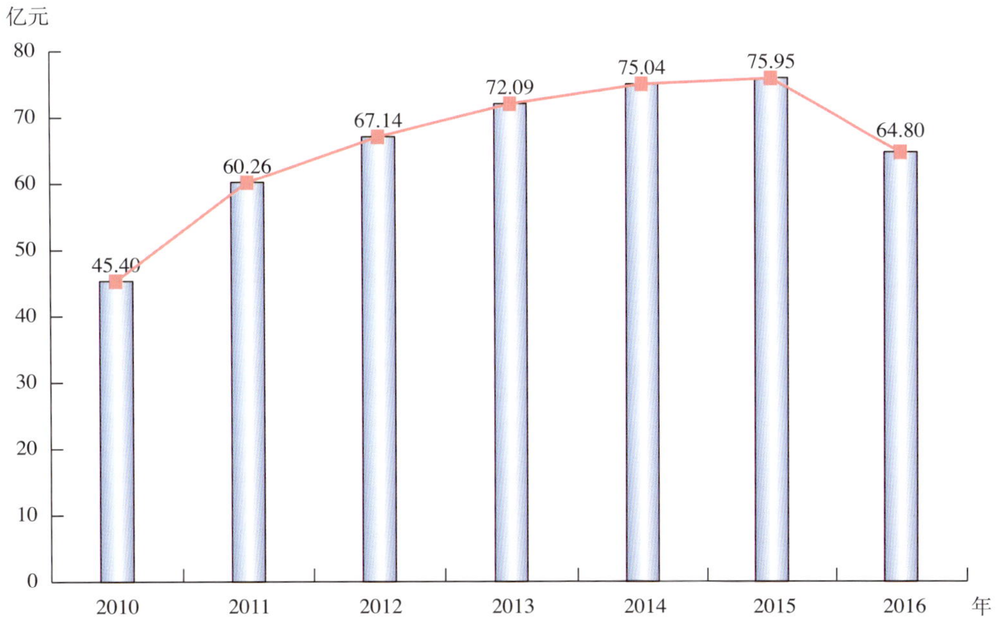

图4-3 2010—2016年种子企业种子销售利润变动趋势

2016年全国种子企业的行业利润率（种子销售利润 ÷ 种子销售收入 ×100%）为8.62%，全国种子企业的种子销售净利率（种子销售净利润 ÷ 种子销售收入 ×100%）为8.04%，种子企业的净资产收益率（种子企业净利润 ÷ 种子企业净资产 ×100%）为5.31%。种子行业利润率、种子销售净利率、净资产收益率均出现大幅下滑。2010—2016年种子企业销售利率变化趋势见图4-4。

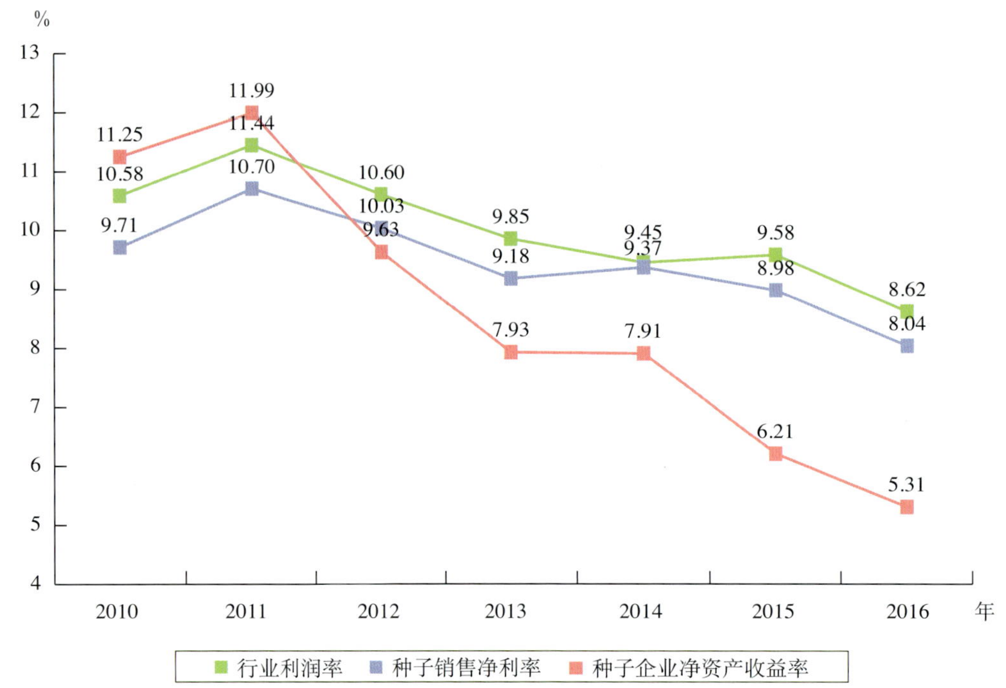

图4-4 2010—2016年种子企业销售利率变化趋势

（2）销售利润前十强企业。2016年，种子销售利润超过1 000万元的种子企业160家，同比增加7家；超过2 000万元的种子企业72家，同比增加2家；超过5 000万元的种子企业18家，同比减少2家；超过1亿元的种子企业6家，与2015年持平；超过2亿元的种子企业5家，同比增加2家。2010—2016年各年度利润超过1 000万元企业数量变化情况见表4-6。

表4-6 2010—2016年利润超1 000万元企业数量

单位：个

利 润	2016年	2015年	2014年	2013年	2012年	2011年	2010年
≥3亿元	3	3	2	3	1	2	2
≥2亿元	5	3	3	4	3	3	2

（续）

利 润	2016年	2015年	2014年	2013年	2012年	2011年	2010年
≥1亿元	6	6	6	5	5	6	7
≥5 000万元	18	20	19	19	22	19	12
≥2 000万元	72	70	73	77	71	64	42
≥1 000万元	160	153	160	164	150	128	99

2016年种子销售利润前5名企业实现利润16.36亿元，同比减少1.1亿元；前10名企业利润额20.05亿元，同比减少1.54亿元；前50名企业利润34.49亿元，同比减少4.31亿元（图4-5）。

2016年种子销售利润前10名企业见表4-7。

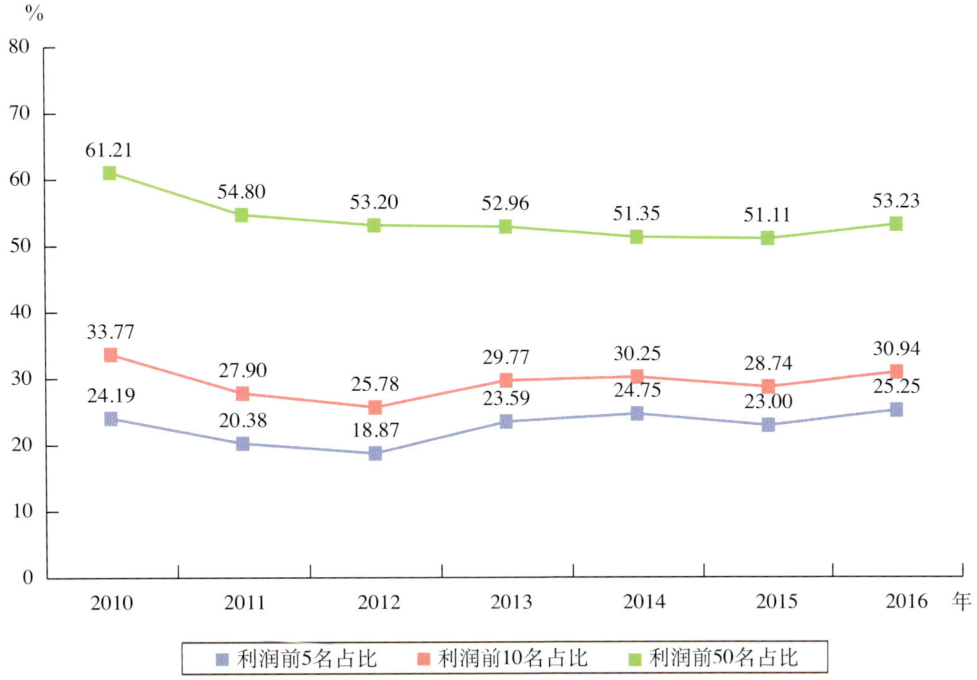

图4-5 2010—2016年前5、10、50名企业利润占比

表4-7　2016年种子销售利润前10名企业

单位：亿元

排名	单位名称	利润	排名	单位名称	利润
1	山东登海种业股份有限公司	5.79	6	乐陵希森马铃薯产业集团有限公司	
2	袁隆平农业高科技股份有限公司	4.88	7	北京联创种业股份有限公司	0.76
3	北大荒垦丰种业股份有限公司	3.28	8	中农发种业集团股份有限公司	
4	三瑞农业科技股份有限公司		9	江苏省大华种业集团有限公司	
5	京研益农（北京）种业科技有限公司		10	北京华农伟业种子科技有限公司	

3. 各作物种子销售量占比

2016年，经营玉米种子的企业数量为1 578家，经营常规水稻种子的企业560家，经营杂交水稻种子的481家，分别比2015年增加17家、32家、32家。经营大豆种子的419家，经营棉花种子的276家，经营油菜种子的242家，经营小麦种子的1 191家，经营花生种子的238家，分别比2015年减少8家、40家、66家、4家、3家。

全国4 316家持有效经营许可证的企业中，共有3 390家企业包装销售本企业种子，占比为79%。其中，销售本企业玉米商品种子的企业有815家，常规水稻451家，杂交水稻311家，棉花170家，分别比2015年增加50家、37家、35家及减少24家。销售本企业小麦商品种子的企业有873家，大豆231家，油菜178家，花生114家，分别比2015年减少7家、增加2家、增加20家、减少13家。

（1）杂交水稻种子。2016年，国内销售本企业杂交水稻商品种子销售量前5名、10名、20名企业分别销售杂交水稻种子7 445万千克、10 236万千克、13 807万千克，占全国杂交水稻商品种子使用量（25 950万千克）的28.73%、39.45%、53.21%，与2015年相比略有降低。

（2）常规水稻种子。2016年，国内销售本企业常规水稻商品种子销售量前5名、10名、20名企业分别销售常规水稻种子21 684万千克、28 251万千克、36 337万千克，占全国常规水稻商品种子使用量（74 060万千克）的29.28%、38.15%、49.06%，与2015年相比略有降低。

（3）杂交玉米种子。2016年，国内销售本企业杂交玉米种子销售量前5名、10名、20名企业分别销售玉米种子17 423万千克、26 800万千克、41 328万千克，占全国玉米商品种子使用量（115 519万千克）的15.08%、23.20%、35.78%，分别比2015年下降了1.68、3.92、2.99个百分点。

（4）小麦种子。2016年，国内销售本企业小麦商品种子销售量前5名、10名、20名企业分别销售小麦种子33 250万千克、49 316万千克、74 009万千克，占全国小麦商品种子使用量（353 757万千克）的9.40%、13.94%、20.92%，分别比2015年下降了2.21、3.62、4.35个百分点。

（5）大豆种子。2016年，国内销售本企业大豆种子销售量前5名、10名企业分别销售大豆种子7 877万公斤、10 057万千克，占全国大豆商品种子使用量（37 707万千克）的20.89%、26.67%，分别比2015年下降了18.43、21.16个百分点。

（6）油菜种子。2016年，国内销售本企业油菜种子销售量前5名、10名企业分别销售油菜种子722万千克、1 051万千克，占全国油菜商品种子使用量（1 727万千克）的48.81%、60.86%，分别比2015年下降了1.01、2.60个百分点。

（三）企业科研投入状况

2016年，种子企业科研总投入为39.57亿元，同比下降0.21亿元，占种子销售收入（752.07亿元）的5.26%。其中企业自主投入29.32亿元，财政项目投入资金4.79亿元，非财政资金投入0.98亿元，企业自主投入与财政项目投入指标与2015年相比分别下降4.11亿元与0.77亿元，非财政资金投入相比2015年略有提升。

规模企业（注册资本≥3 000万元）科研投入达33.56亿元，与2015年相比增长0.62亿元，科研投入占种子销售收入（599.41亿元）的5.6%，比2015年略有上升。

种子销售收入前5名企业科研投入5亿元，占种子销售收入（74.42亿元）的6.72%，与2015年相比下降0.31个百分点；前10名企业科研投入8.03亿元，占种子销售收入（106.08亿元）的7.57%，与2015年相比提升1.09个百分点；前50名企业科研投入13.80亿元，占种子销售收入（220.89亿元）的6.25%，与2015年相比提高0.66个百分点。

（四）企业品种研发状况

1. 企业通过审定品种

2016年，企业选育国审6种作物（水稻、玉米、小麦、棉花、大豆、油菜）品种数为95个，通过省审7种主要农作物品种数为614个。其中，企业选育国审水稻品种52个，占比达78.79%，与2015年相比提高27.85个百分点；企业选育国审玉米品种18个，占比为52.94%，与2015年相比降低16.15个百分点（图4-6、图4-7）。

2. 企业植物新品种权保护

2016年，种子企业申请农业植物品种权1 310件，与2015年相比增加了159件，种子企业申请数量占申请总量的近52%。其中，境内种子企业申请数量为1 167件，占2016年申请量的46.3%，超过科研教学单位的申请总量（1 124件），境内种子企业在植物新品种权申请方面占据主导位置。

2016年，种子企业获得授权保护品种数量为848件，与2015年（553件）相比增加295件。种业企业获得授权数量占2016年授权总量的43.8%，与2015年相比提高了4.6个百分点。其中，境内种子企业获得授权数量为754件，占2016年授权总量的38.9%（图4-8）。

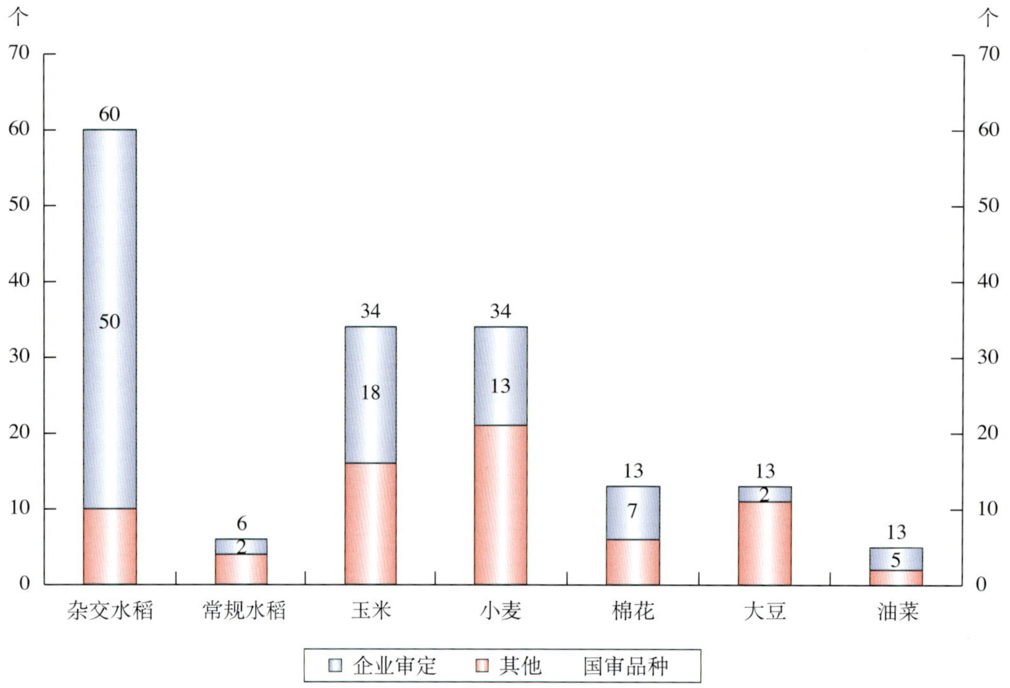

图4-6　企业选育通过国审品种数量

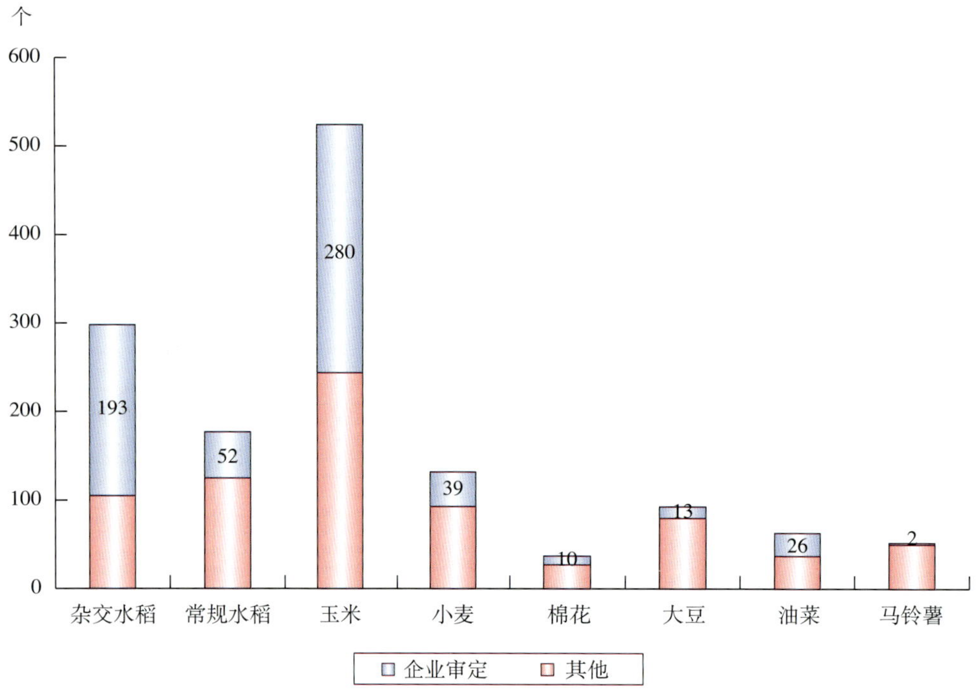

图4-7　企业选育通过省审品种数量

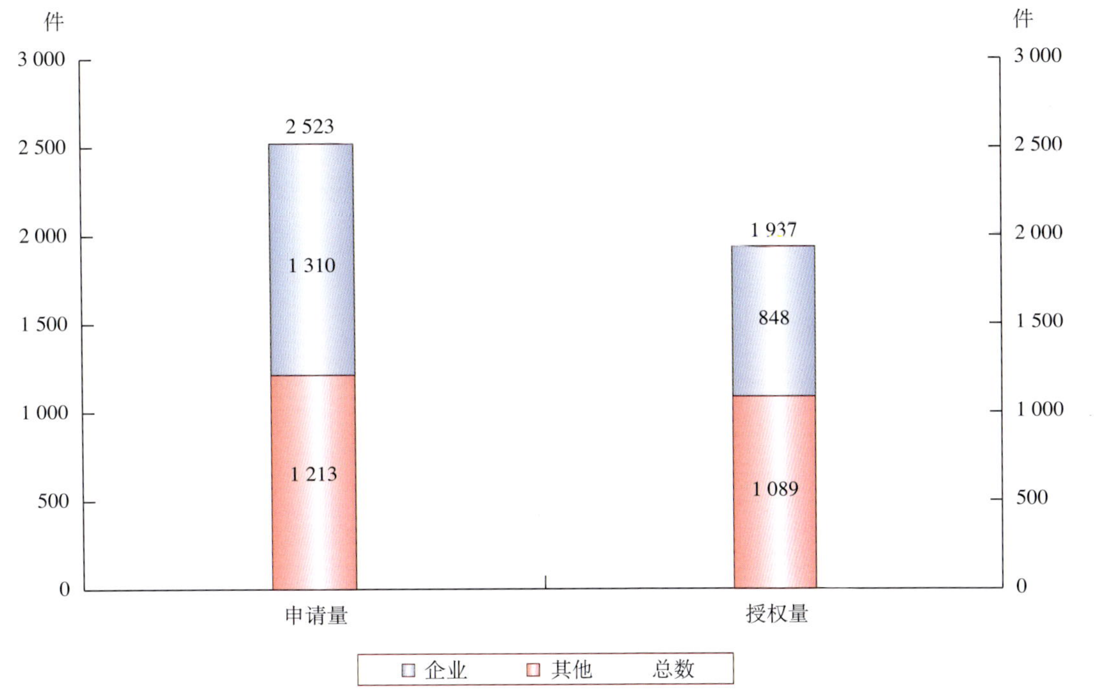

图4-8 种子企业品种权申请及授权数量

从种子企业申请授权的作物种类看，玉米品种权申请和授权量最多，分别达到65.4%和65.2%（表4-8）。

表4-8 作物新品种权申请授权分布情况

	水稻	玉米	小麦	棉花	大豆	油菜	马铃薯	蔬菜	其他作物
申请量（件）	669	712	241	31	86	36	15	228	505
企业申请量（件）	346	466	74	9	30	11	7	161	206
企业占比（%）	51.8	65.4	30.7	29	34.9	30.6	46.7	70.6	40.8
授权量（件）	551	586	94	65	164	21	19	120	317
企业授权量（件）	174	382	22	28	16	6	14	63	143
企业占比（%）	31.6	65.2	23.4	43.1	9.8	28.6	73.7	5.3	45.1

（五）企业利用资本市场状况

2016年，有25家种业企业进行增资扩股。其中，进行内源增资企业16家，增资金额合计2.54亿元；进行外源增资企业11家，增资金额合计4.20亿元。国内上市挂牌企业增加到52家，包括上市种业企业10家、新三板挂牌企业42家，其中仅2016年挂牌新三板的种子企业就达到

19家。上市挂牌企业数量虽只占全国种子企业的1%，但其市场份额却已达20%。

借助资本市场的力量，上市企业加速种业兼并重组的步伐，快速丰富自身的产品线和拓宽营销渠道。国内并购方面，中信集团利用定向增发机制，投资27.92亿元入主隆平高科；背靠中信，隆平高科并购广西恒茂与安徽江淮园艺，并与黑龙江广源种业合作成立合资公司开发东北种业市场；大北农投资1.2亿元，收购黑龙江龙科种业49.05%股权；丰乐种业购买了湖南农大金农种业有限公司51%的股权。国际并购方面，中粮集团完成对尼德拉农业的全资收购，开启了国内企业成功并购国外优势种业的先河；中国化工出资430亿美元要约收购瑞士先正达，创造了目前中国企业最大海外并购，引起世界广泛关注。

二、骨干种子企业发展状况

2016年中国种子协会评定的57家中国种业信用骨干企业，特别是其中的10家中国种业信用明星企业，是我国种业产业发展的主要力量（表4-9）。（因广西恒茂农业科技有限公司为袁隆平农业高科技股份有限公司的子公司，其相应数据已统计在袁隆平农业高科技股份有限公司内，不再单独计算。）

表4-9　2016年中国种业信用骨干企业名单

序号	企业名称	序号	企业名称
1	袁隆平农业高科技股份有限公司	16	齐齐哈尔市富尔农艺有限公司
2	山东登海种业股份有限公司	17	三北种业有限公司
3	北大荒垦丰种业股份有限公司	18	北京德农种业有限公司
4	北京金色农华种业科技股份有限公司	19	山东中农天泰种业有限公司
5	中国种子集团有限公司	20	江苏神农大丰种业科技有限公司
6	江苏省大华种业集团有限公司	21	山西强盛种业有限公司
7	合肥丰乐种业股份有限公司	22	仲衍种业股份有限公司
8	辽宁东亚种业有限公司	23	四川国豪种业股份有限公司
9	安徽荃银高科种业股份有限公司	24	浙江勿忘农种业股份有限公司
10	北京奥瑞金种业股份有限公司	25	黑龙江省龙科种业集团有限公司
11	甘肃省敦煌种业股份有限公司	26	山东鑫丰种业股份有限公司
12	广西兆和种业有限公司	27	新疆塔里木河种业股份有限公司
13	海南神农基因科技股份有限公司	28	广西恒茂农业科技有限公司
14	山东圣丰种业科技有限公司	29	北京联创种业股份有限公司
15	九圣禾种业股份有限公司	30	河南秋乐种业科技股份有限公司

（续）

序号	企业名称	序号	企业名称
31	四川同路农业科技有限责任公司	45	江苏中江种业股份有限公司
32	山东冠丰种业科技有限公司	46	江西天涯种业有限公司
33	湖南希望种业科技股份有限公司	47	山东农兴种业股份有限公司
34	武汉武大天源生物科技股份有限公司	48	河北巡天农业科技有限公司
35	湖北省种子集团有限公司	49	北京屯玉种业有限责任公司
36	河间市国欣农村技术服务总会	50	创世纪种业有限公司
37	安徽皖垦种业股份有限公司	51	吉林省鸿翔农业集团鸿翔种业有限公司
38	雪川农业发展股份有限公司	52	莱州市金海种业有限公司
39	湖北惠民农业科技有限公司	53	大民种业股份有限公司
40	湖南奥谱隆科技股份有限公司	54	河南金博士种业股份有限公司
41	河南省豫玉种业股份有限公司	55	河南黄泛区地神种业有限公司
42	河南金苑种业有限公司	56	江苏明天种业科技股份有限公司
43	江苏金土地种业有限公司	57	河南滑丰种业科技有限公司
44	湖南科裕隆种业有限公司		

注：序号1～10企业为中国种业信用明星企业

（一）骨干企业规模状况

1. 骨干企业资产

2016年，种业骨干企业的总资产总额达467.71亿元，与2015年相比增加45.02亿元，占全部种子企业总资产的25.04%。净资产总额达307.44亿元，同比增加40.66亿元，占全部种子企业净资产的24.81%。固定资产总额为69.80亿元，同比增加4.06亿元，占全部种子企业固定资产的16.06%（表4-10）。

表4-10 种业骨干企业资产水平

单位：亿元

企业类别	企业总资产				企业固定资产				企业净资产			
	2016年	2015年	2014年	2013年	2016年	2015年	2014年	2013年	2016年	2015年	2014年	2013年
骨干企业	467.71	422.69	392.92	362.5	69.8	65.74	84.67	55	307.44	266.78	239.26	225.3
全部企业	1 867.55	1 888.32	1 639.33	1 350.43	434.62	429.54	390.27	277.85	1 239.35	1 196.63	1 026.09	846.8

2. 骨干企业人员

种业骨干企业的职工总人数18 454人，同比增加2 109人。其中，博士418人、硕士1 335人，与2015年相比，骨干企业博士、硕士人员占比出现回落（图4-9、表4-11）。

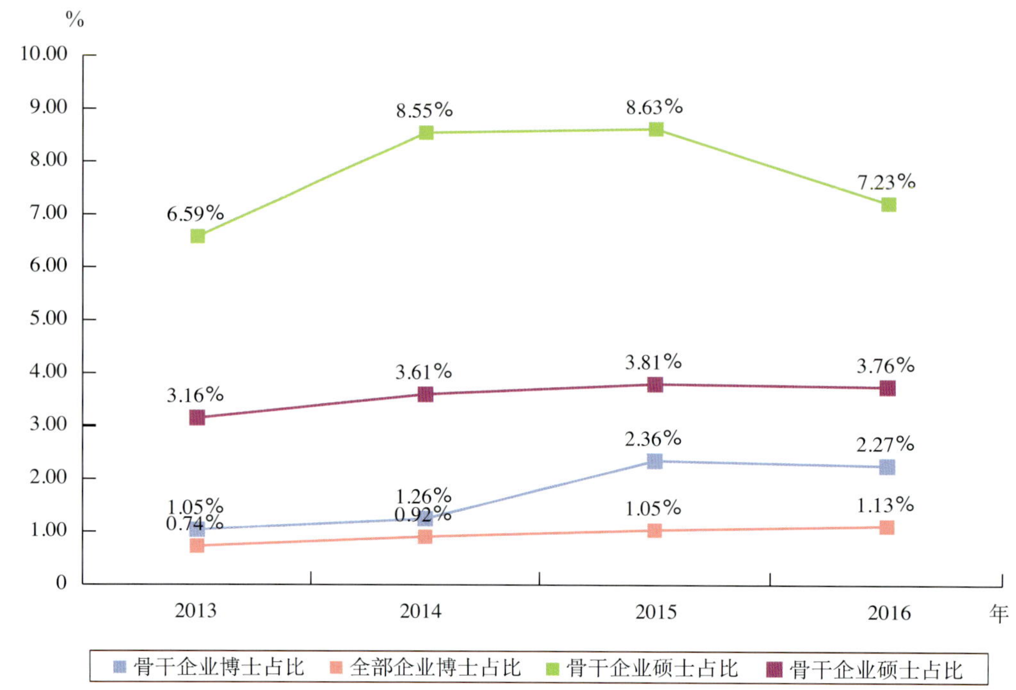

图4-9 种子骨干企业高学历人员占比情况

表4-11 种业骨干企业人员情况

单位：人

企业类别	职工人数				博士人数				硕士人数			
	2016年	2015年	2014年	2013年	2016年	2015年	2014年	2013年	2016年	2015年	2014年	2013年
骨干企业	18 454	16 345	16 206	15 847	418	386	205	167	1 335	1 410	1 386	1 045
全部企业	120 538	121 325	129 978	114 612	1 357	1 271	1 201	853	4 528	4 624	4 690	3 627

（二）骨干企业经营状况

1. 骨干企业的种子销售

2016年，骨干企业实现种子销售收入192.28亿元，同比减少11.19亿元，占全部企业种子销售收入的25.57%，其中代制（繁）种子销售收入10.49亿元，商品种子销售收入181.79亿元，商品种子销售中本企业商品种子销售收入178.40亿元（含本企业商品种子出口2.78亿元），销售其他企业商品种子销售收入3.39亿元（表4-12）。

表4-12 种业骨干企业种子销售情况

单位：亿元

	骨干企业			全部企业		
	2016年	2015年	2014年	2016年	2015年	2014年
种子销售收入	192.28	203.47	219.41	752.07	792.89	794.44
1代制（繁）种子销售收入	10.49	10.89	10.25	100.92	89.35	85.33
2商品种子销售收入	181.79	192.58	209.16	651.51	703.54	709.11
2.1销售本企业商品种子	178.4	190.84	207.44	575.07	616.29	634.04
2.1.1在国内销售本企业商品种子	175.62	188.18	204.88	565.96	609.58	629.02
2.1.2出口销售本企业商品种子	2.78	2.66	2.56	9.11	6.71	5.02
2.2销售其他企业商品种子	3.39	1.74	1.72	76.08	87.24	75.07

2. 骨干企业的种子销售利润

2016年，骨干企业实现利润总额22.07亿元，种子销售利润16.96亿元，占全部种子企业销售利润的26.17%。企业实现净利润总额21.15亿元，其中种子销售净利润20.33亿元。骨干企业的行业利润率8.82%，种子销售净利率10.57%，种子企业的净资产收益率6.88%（表4-13）。

表4-13 种业骨干企业销售利润情况

单位：亿元

企业类别	利润总额（亿元）			种子销售利润（亿元）			净利润总额（亿元）			种子销售净利润（亿元）		
	2016年	2015年	2014年	2016年	2015年	2014年	2016年	2015年	2014年	2016年	2015年	2014年
骨干企业	22.07	27.12	25.13	16.96	24.16	26.09	21.15	26.29	24.38	20.33	25.66	22.13
全部企业	79.29	88.51	84.36	64.8	75.95	75.04	65.79	74.3	81.13	60.43	71.22	74.41

企业类别	行业利润率（%）			种子销售净利率（%）			净资产收益率（%）		
	2016年	2015年	2014年	2016年	2015年	2014年	2016年	2015年	2014年
骨干企业	8.82	11.87	11.89	10.57	12.61	10.09	6.88	9.85	10.19
全部企业	8.62	9.58	9.45	8.04	8.98	9.37	5.31	6.21	7.91

（三）骨干企业科研投入状况

2016年度，骨干种子企业科研总投入为14.19亿元，占骨干企业种子销售收入的7.38%，占本企业商品种子销售收入的7.95%。其中，企业自主科研投入12.15亿元，财政项目投入资金1.59亿元，非财政资金投入企业科研0.44亿元（表4-14）。

表4-14　种业骨干企业科研投入情况

企业类别	科研总投入（亿元）			企业自主科研投入（亿元）			财政项目投入资金（亿元）			非财政资金投入（亿元）		
	2016年	2015年	2014年	2016年	2015年	2014年	2016年	2015年	2014年	2016年	2015年	2014年
骨干企业	14.19	13.15	12.57	12.15	10.41	10.35	1.59	2.25	1.93	0.44	0.49	0.29
全部企业	39.57	39.77	38.69	29.32	33.45	32.69	4.79	5.56	5.08	0.98	0.77	0.92

企业类别	种子销售收入占比（%）			本企业商品种子销售收入占比（%）		
	2016年	2015年	2014年	2016年	2015年	2014年
骨干企业	7.38	6.46	5.73	7.95	6.89	6.06
全部企业	5.26	5.02	4.87	6.07	6.45	6.1

三、各地种子企业发展状况

（一）各地种子企业数量

2016年，有14个省（自治区、直辖市）的种子企业数量出现增长，数量增长前三的省份为广西壮族自治区、四川省、甘肃省，分别增加51家、29家和23家。有15个省（自治区、直辖市）的种子企业数量出现下降，数量下降前三的省份为辽宁省、河南省、山东省，分别下降87家、36家和29家。

甘肃省与河南省是种子企业数量排在前两名的省份，种子企业数量分别为464家与409家，占到总数量的10.24%和9.02%。海南省依然是种子企业数量最少的省份，种子企业数量仅7家。2016年各省（自治区、直辖市）的种子企业数量分布情况见表4-15。

表4-15　2016年各省（自治区、直辖市）种业企业数量

单位：个

省　份	2016年	2015年	2014年	2013年	省　份	2016年	2015年	2014年	2013年
北京市	192	171	183	251	浙江省	66	83	89	98
天津市	22	48	58	72	安徽省	258	242	247	307
河北省	224	243	287	351	福建省	73	76	81	89
山西省	117	129	129	152	江西省	99	97	95	75
内蒙古自治区	158	147	129	130	山东省	286	315	325	335
辽宁省	163	250	297	346	河南省	409	445	499	522
湖北省	136	129	145	180	四川省	165	136	190	213
湖南省	67	74	86	105	贵州省	45	45	34	55
广东省	168	189	240	279	云南省	98	85	100	135
广西壮族自治区	212	161	130	141	陕西省	92	109	146	243
海南省	7	13	14	34	甘肃省	464	441	457	547
重庆市	38	37	48	33	青海省	10	12	14	18
吉林省	188	186	180	264	宁夏回族自治区	126	121	100	99
黑龙江省	286	309	348	380	新疆维吾尔自治区	155	151	160	204
上海市	52	50	60	78	新疆生产建设兵团	38	38	42	51
江苏省	119	128	151	162					

（二）各地种子企业人员

2016年，全国各省（自治区、直辖市）共有种子经营企业职工人员120 538人。在各省（自治区、直辖市）种业企业的从业人员中，人数超过万人的省份只有山东。而人数不足千人的省份有天津、重庆、海南和青海。

2016年种子企业人员数量排名前10位的省（自治区、直辖市）见图4-10。

山东省超过河南省成为种子企业拥有博士数量最多的省份，拥有博士288名，北京市的种子企业拥有的硕士数量最多，为608名。

山东省和河南省成为仅有的两个种业企业拥有科研人员数量在1 800名以上的省份。黑龙江省种业企业的科研人员数量下降为1 665名，排名第三。大部分省（自治区、直辖市）的科研人员比例依然基本在15%～30%之间。2016年种子科研人员数量排名前10位的省（自治区、直辖市）见图4-11。

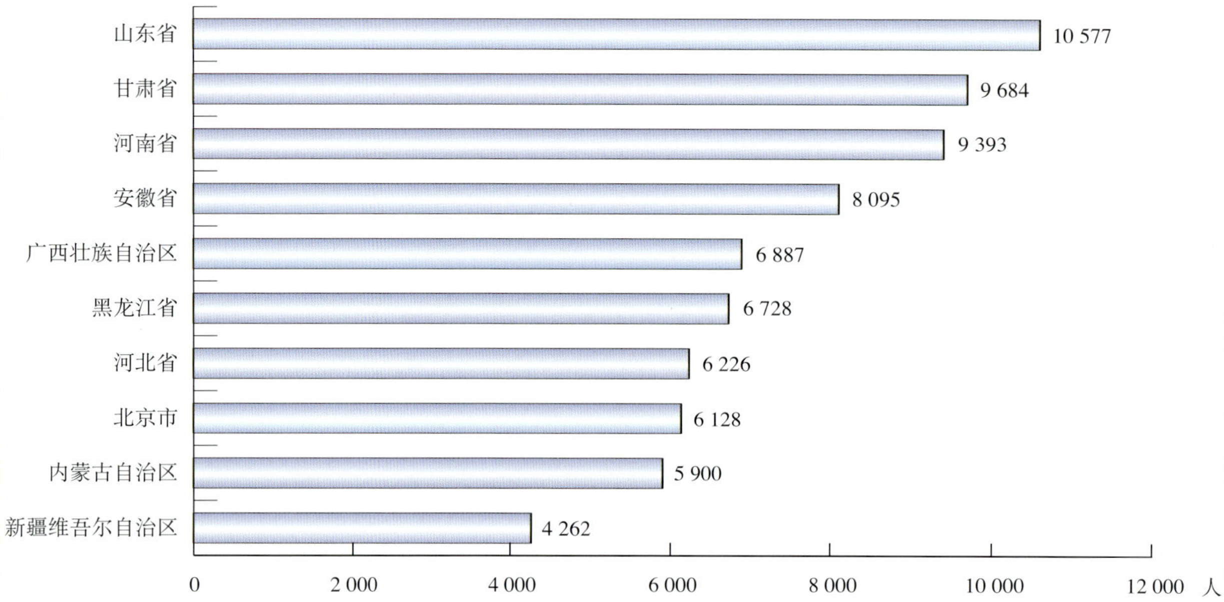

图4-10 2016年种业企业人员数量排名前10位省份

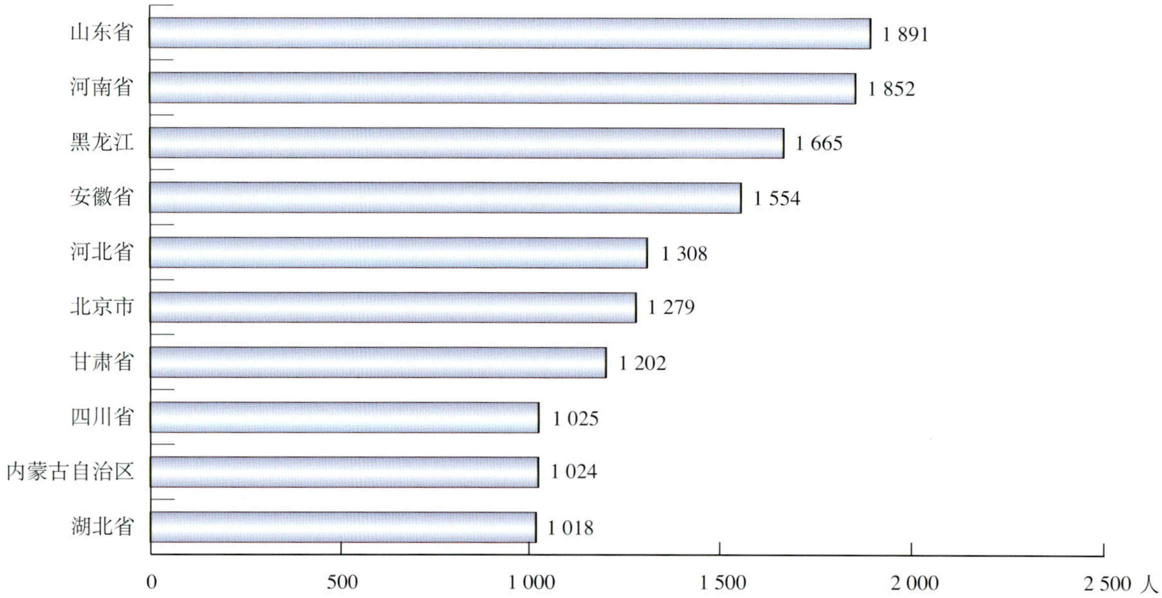

图4-11 2016年种业企业科研人员数量排名前10位省份

（三）各地种子企业资产

2016年，在各省（自治区、直辖市）总资产大于2亿元（含）的168家种子企业中，北京市与山东省最多，分别为15家与13家，两省市的数量占到总数的近六分之一。

净资产大于1亿元（含）的210家种子企业中，北京市有18家，山东省、内蒙古自治区、甘肃省、河南省、四川省、广西壮族自治区、湖南省和新疆维吾尔自治区分别为16家、14家、14家、12家、12家、11家、10家和10家，九省份的数量超过总数的50%。

固定资产大于5 000万元（含）的141家种子企业中，甘肃最多，为16家，山东其次为14家，北京市、内蒙古自治区均为12家，四省份的数量超过总数的三分之一。2016年种业企业资产数量排名前10位省份见图4-12。

（四）各地种子企业科研投入

2016年，北京市种业企业科研投入为6.90亿元，与2015年相比增长0.66亿元，居全国各省（自治区、直辖市）之首，占到全国种业企业科研总投入的16.05%。企业自主投入力度最大的省份同样是北京市，投入资金5.40亿元。财政项目投入到企业科研力度最大的省份同样是北京市，投入资金达到0.93亿元。2016年种业企业科研投入排名前10位省份见图4-13。

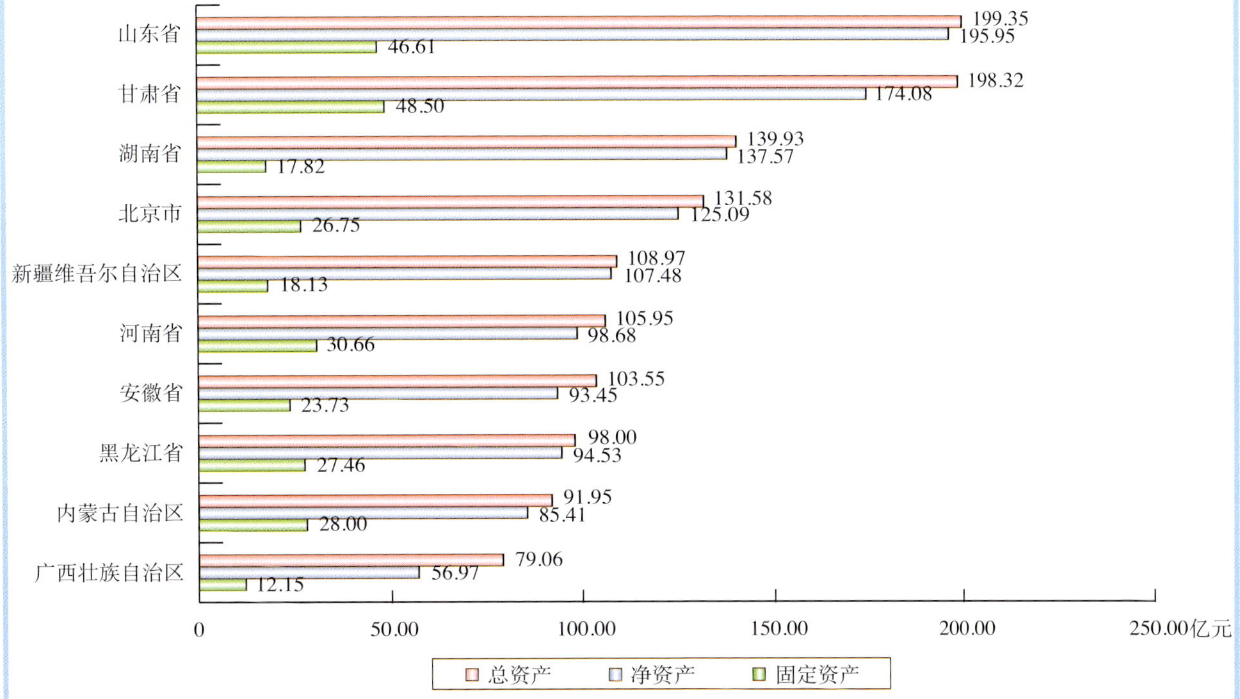

图4-12　2016年种业企业资产数量排名前10位省份

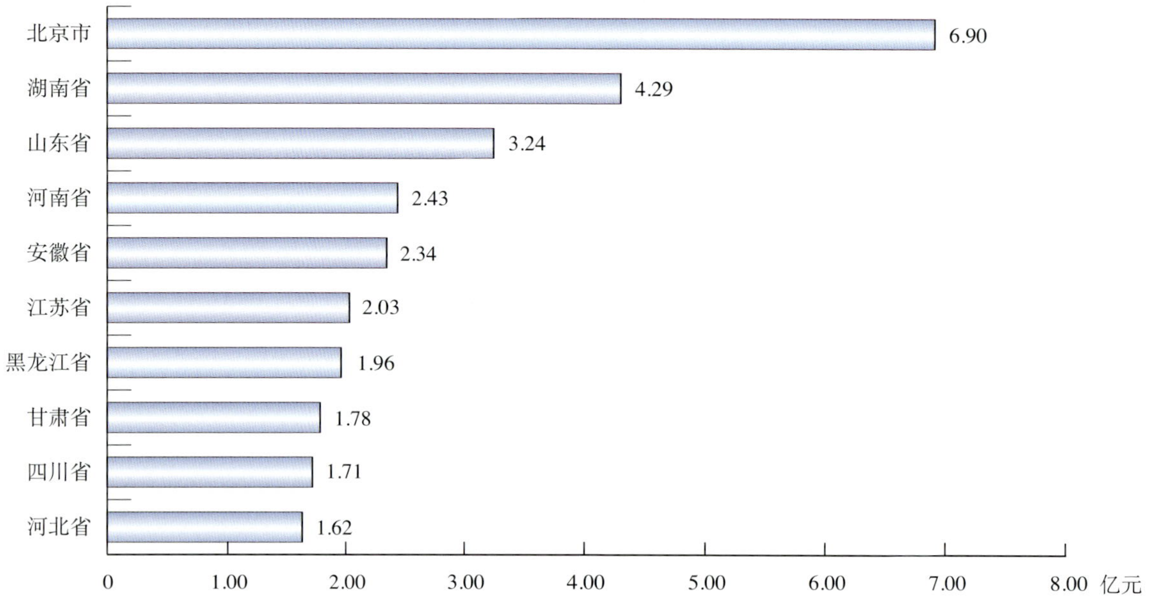

图4-13　2016年种业企业科研投入排名前10位省份

（五）各地审定品种企业占比

2016年，各地省审品种数1 375个。企业占比居全国各省（自治区、直辖市）之首的是天津市，当年企业审定品种5个，占比83.33%以上；其次，内蒙古、海南等省（自治区）的省审品种中，企业品种占比都在70%以上（表4-16）。

表4-16　各省（自治区、直辖市）省审品种中企业品种占比

省　份	省审品种数（个）	企业品种（个）	企业占比（%）	省　份	省审品种数（个）	企业品种（个）	企业占比（%）
天津市	6	5	83.33	山东省	58	27	46.55
内蒙古自治区	90	68	75.56	湖南省	39	18	46.15
海南省	38	27	71.05	广东省	120	52	43.33
河北省	69	47	68.12	江苏省	28	11	39.29
江西省	46	28	60.87	新疆维吾尔自治区	23	9	39.13
湖北省	56	32	57.14	福建省	35	13	37.14
广西壮族自治区	53	29	54.72	贵州省	38	14	36.84
吉林省	98	52	53.06	河南省	31	11	35.48
安徽省	181	96	53.04	山西省	50	16	32
上海市	10	3	30	云南省	47	5	10.64

（续）

省　份	省审品种数（个）	企业品种（个）	企业占比（%）	省　份	省审品种数（个）	企业品种（个）	企业占比（%）
甘肃省	46	11	23.91	辽宁省	0	0	0.00
重庆市	18	4	22.22	陕西省	0	0	0.00
黑龙江省	90	19	21.11	青海省	2	0	0.00
浙江省	25	5	20	北京市	0	0	0.00
四川省	58	9	15.52	新疆生产建设兵团	0	0	0.00
宁夏回族自治区	20	3	15				

（六）各地种子企业经营效益

2016年各地种子企业销售收入比较，山东省种子企业销售种子收入84.42亿元，其中商品种子销售收入达到82.31亿元，销售本企业商品73.94亿元，三项指标均居各省（自治区、直辖市）之首。代制（繁）种子销售收入最高的省份为繁种集中地甘肃省，繁种销售收入达到44.39亿元（图4-14）。

各地种子企业销售利润比较，山东省种子企业利润总额12.42亿元，其中种子销售利润12.12亿元，净利润总额11.62亿元，种子销售净利润11.15亿元（图4-15、图4-16）。

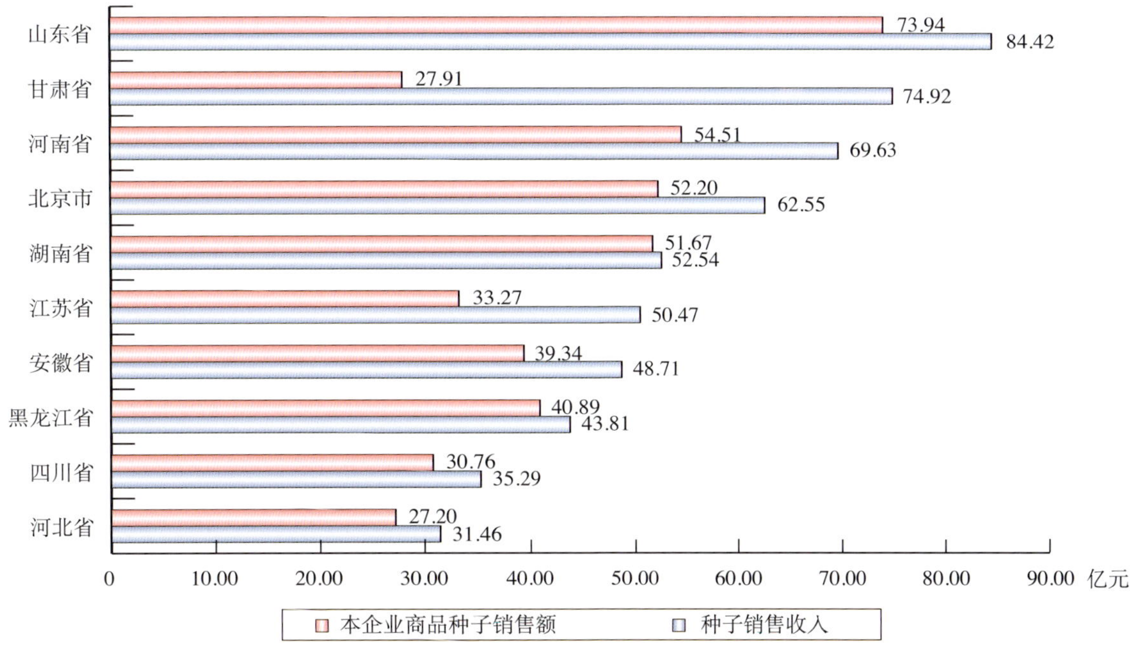

图4-14　2016年种业企业种子销售收入排名前10位省份

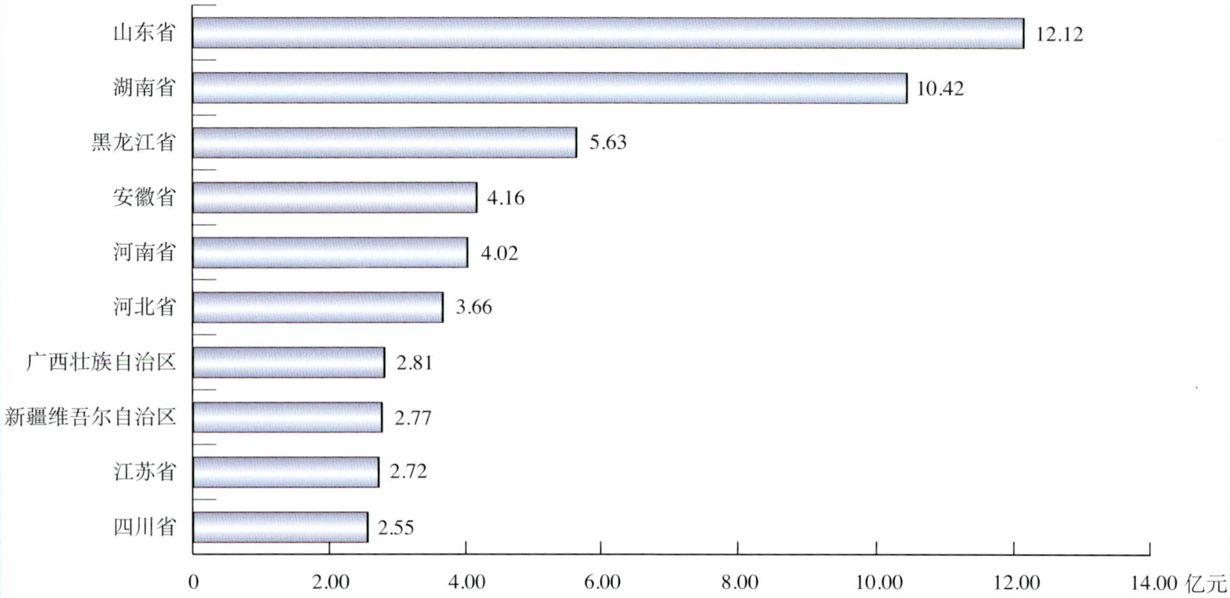

图4-15　2016年种业企业种子销售利润排名前10位省份

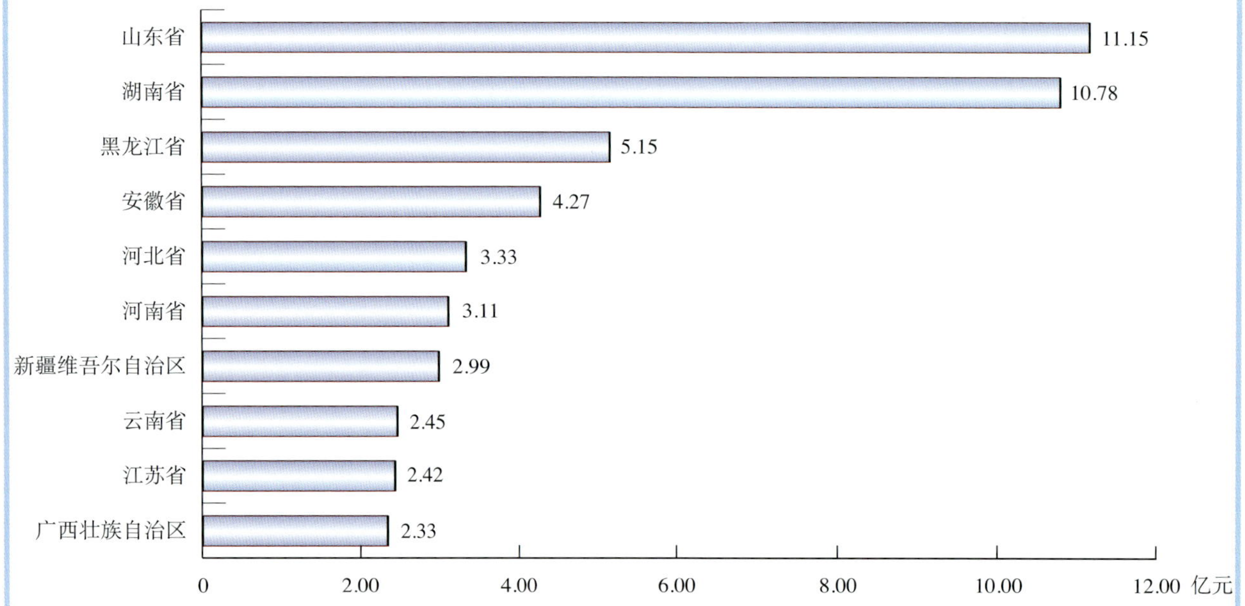

图4-16　2016年种业企业种子销售净利润排名前10位省份

第五篇　种业管理与服务

一、种子管理体系

（一）种子管理服务机构

截至2016年底，全国省、地、县三级种子管理服务机构数量为2 733家。其中，省级36家、地级345家、县级2 352家。湖南省农业委员会种子管理处为全国唯一的属于行政性质的省级管理机构，北京、天津、内蒙古、江苏、安徽、江西、湖北、湖南、广西、重庆、贵州等11家省级种子管理机构为参公管理单位，67家地级、178家县级种子管理机构实现了参公管理。参公管理单位比2015年增加12家。差额事业单位从2015年度的65家减少到2016年度的61家，自收自支事业单位仍为16家。

（二）种子管理服务队伍

2016年全国各级种子管理服务机构共有在编在岗人员25 050人。其中，省级1 152人、地级4 128人、县级19 770人。从人员岗位分类看，专业技术人员15 012人；管理人员5 660人；工人4 378人。从人员学历分类看，博士50人；硕士905人；本科8 828人、专科及以下9 700人。从人员职称分类看，正高级职称553人；副高级职称3 840人、中级职称8 576人；初级职称及以下8 501人。2016年全国各级种子管理机构人员具体构成情况见表5-1。

表5-1 2016年全国种子管理人员构成表

单位：人

人员结构类型		全国合计	省级	地级	县级
在编在岗人数		25 050	1 152	4 128	19 770
按人员岗位分	管理人员	5 660	521	1 268	3 871
	技术人员	15 012	549	2 318	12 145
	工人	4 378	82	542	3 754
按人员学历分	博士	50	36	8	6
	硕士	905	269	326	310
	本科	8 828	600	2 066	6 162
	专科及以下	9 700	178	1 200	8 322
按人员职称分	正高	553	153	203	197
	副高	3 840	259	879	2 702
	中级	8 576	288	1 334	6 954
	初级及以下	8 501	278	1 119	7 104
在职执法持证人员		13 837	445	2 272	11 120

（三）种子管理服务支撑体系

种子质量检验体系。全国经农业部和省级考核通过的种子质量检验机构338家。其中，9家具备转基因检测能力，11家具备稻品种真实性检测能力，17家具备玉米品种真实性检测能力，3家具备马铃薯种薯质量检测能力。具备常规四项（水份、净度、发芽率、纯度）检验能力的种子管理机构1 440家，检验室面积有23.87万平方米。各级种子管理机构当年种子检验总份数20 4633份，其中省级36 110份、地级69 184份、县级99 339份。

农作物品种区试体系。组织实施国家主要农作物品种试验体系建设规划，以国家区试站为主体，区试点为依托，抗性鉴定、品质分析、DNA指纹检测、转基因成分检测为支撑，覆盖全国主要生态类型的国家农作物品种区试网络体系得到进一步完善。在近十省份投资建设抗性鉴定站，推进以提升国家农作物品种试验“信息化、机械化、智能化”为重点的新一轮试验体系建设，初步构建国家农作物品种试验信息与运行管理平台的基础框架。

植物新品种测试体系。测试体系建设是DUS测试事业发展的基础保障，目前已建成由1个中心和27个分中心组成的测试体系。在改扩建老测试分中心、新建新测试分中心的同时，开展“人才培训先行计划”和“一对一帮扶”人员培养行动，为测试事业全新开局锻造优质软实力。

（四）经费投入

2016年种子管理体系经费总额35.21亿元，其中财政支持32.49亿元，包括财政基本支出预算、项目支出预算等各项财政资金，同比增长9.39%。近6年来全国种子管理体系获得财政支持总额及其增长情况见图5-1。在财政资金中，支付人员工资福利约占58.15%，用于开展业务的费用占22.82%。全国种子管理体系人均工资7.54万元，人均业务费2.96万元（县级种子管理机构人均业务费为1.33万元）。目前还存在77家差额和自收自支种子管理机构（表5-2）。

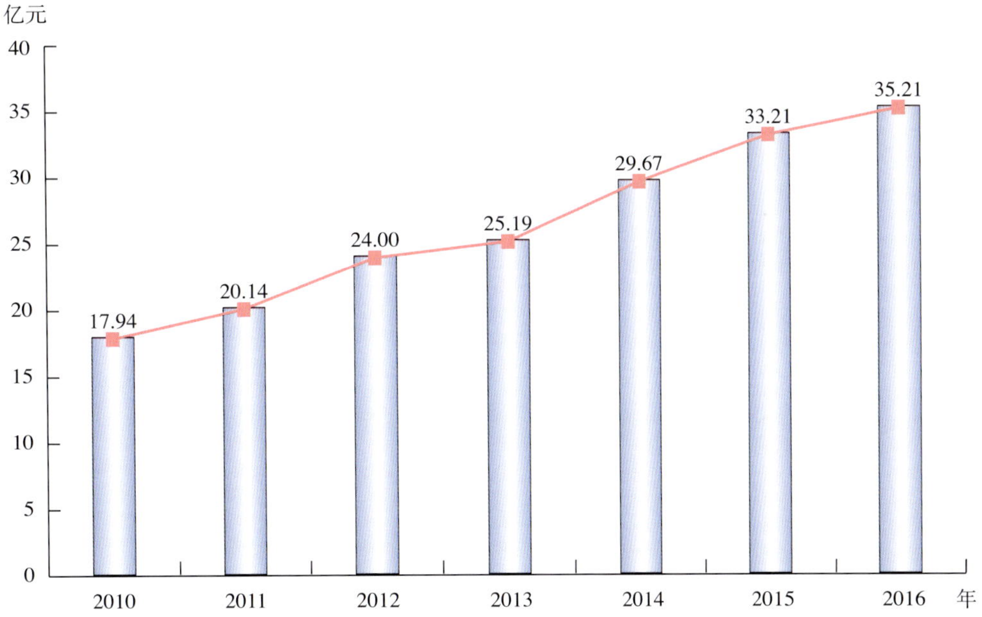

图5-1　2010—2016年全国各级种子管理机构经费总额

表5-2　2016年各级种子管理机构获财政支持金额和人员工资福利情况

机构级别	获财政支持总额（亿元）	人均获财政支持（万元）	人均工资福利（万元）	工资福利支出占财政支持比（%）
省级机构	5.65	49.05	12.04	24.56
地级机构	7.26	17.59	9.58	54.44
县级机构	19.59	9.91	6.86	69.19
全国各级	32.49	12.97	7.54	58.15

2016年各地种子管理体系获得财政支持分省情况见表5-3，总额排名前10位的是云南省、陕西省、浙江省、四川省、甘肃省、新疆维吾尔自治区、江苏省、黑龙江省、内蒙古自治区、湖北省。

表5-3　2016年各省（自治区、直辖市）种子管理机构获财政支持金额情况

排名	省　份	财政支持金额（万元）	排名	省　份	财政支持金额（万元）
1	云南省	24 547.89	17	广西壮族自治区	9 128.37
2	陕西省	22 050.09	18	山西省	9 106.03
3	浙江省	21 955.19	19	辽宁省	9 101.68
4	四川省	16 833.24	20	北京市	8 329.97
5	甘肃省	16 534.03	21	福建省	8 237.88
6	新疆维吾尔自治区	16 177.57	22	青海省	7 402.60
7	江苏省	14 677.68	23	重庆市	6 937.00
8	黑龙江	13 281.19	24	江西省	6 813.05
9	内蒙古自治区	13 110.22	25	贵州省	6 567.20
10	湖北省	12 083.32	26	宁夏回族自治区	6 164.68
11	河北省	11 251.92	27	广东省	5 985.15
12	山东省	10 370.72	28	天津市	3 553.00
13	湖南省	10 161.68	29	上海市	3 010.27
14	河南省	9 993.54	30	新疆生产建设兵团	1 407.44
15	安徽省	9 548.95	31	海南省	1 225.47
16	吉林省	9 377.76			

2016年人均业务费排名前10位的是浙江省、天津市、江苏省、北京市、上海市、安徽省、重庆市、宁夏回族自治区、广西壮族自治区、福建省（表5-4）。

表5-4　2016年各省（自治区、直辖市）种子管理机构人均业务费情况

排名	省　份	人均业务费（万元）			
		全省	省级	地级	县级
1	浙江省	15.74	74.83	16.38	11.98
2	天津市	13.22	36.61		0.95
3	江苏省	11.41	130.83	9.79	2.64
4	北京市	7.17	17.64		3.90
5	上海市	7.01	22.43		3.83
6	安徽省	4.87	28.36	4.24	3.36
7	重庆市	4.83	18.70	4.71	1.38
8	宁夏回族自治区	4.31	18.65	10.40	2.04
9	广西壮族自治区	4.16	45.84	2.86	0.62
10	福建省	3.40	9.08	7.75	2.47

（续）

排名	省　份	人均业务费（万元）			
		全省	省级	地级	县级
11	湖北省	3.37	33.31	4.71	1.52
12	青海省	3.33	11.64	5.99	1.60
13	河北省	3.24	82.63	2.07	0.26
14	四川省	3.05	46.34	1.82	1.86
15	辽宁省	2.84	15.50	2.77	1.44
16	广东省	2.71	38.85	5.56	0.50
17	新疆生产建设兵团	2.66	3.27	2.49	
18	湖南省	2.50	23.98	3.11	0.89
19	吉林省	2.27	29.31	3.15	1.01
20	陕西省	2.13	19.60	8.55	0.81
21	黑龙江	2.12	17.36	2.15	1.24
22	新疆维吾尔自治区	1.97	7.73	3.28	1.33
23	内蒙古自治区	1.86	20.89	2.63	0.55
24	云南省	1.86	6.42	5.34	1.10
25	江西省	1.84	33.37	1.87	0.81
26	贵州省	1.62	19.61	0.57	0.61
27	山东省	1.48	27.48	3.26	0.24
28	甘肃省	1.42	6.18	2.64	0.89
29	海南省	1.38	8.14	0.53	0.40
30	山西省	1.27	15.68	2.71	0.20
31	河南省	1.17	27.22	1.37	0.42

二、品种管理

（一）区试审定

2016年，共安排5种主要农作物以及蚕品种国家试验185组，试验点次2 566个，参试品种1 734个次，比2015年减少145个次。安排油菜和马铃薯品种试验28组，试验点次277个，参试品种272个次。继续开设机收籽粒玉米品种区试，东北、黄淮海两大主产区共有70个品种参加试验，其中11个品种参加生产试验。开设小麦良种联合攻关广适性品种试验3组，共有41个品种参加试验。

2016年，首次开设水稻、玉米和小麦联合体品种试验，共计开设70个品种试验联合体，

114组试验。其中，国家级水稻品种试验联合体25个，试验30组，参试品种401个次；玉米品种试验联合体30个，试验69组，参试品种822个次；小麦品种试验联合体15个，试验15组，参试品种371个次。

国家审定水稻、小麦、玉米、棉花、大豆5种主要农作物品种165个，其中“绿色通道”试验有13个水稻品种、9个玉米品种、5个油菜品种通过审定。

（二）植物新品种保护

2016年，受理品种权申请2 523件，同比增长22%，位居国际植物新品种保护联盟（UPOV）成员第二位，申请总量超过18 000件；2016年授权1 937件，同比增长37%，授权总量突破8 000件；申请授权双突破。ETC式品种权快速审查模式功效初显，授权提速达3倍多，平均审查时间缩短为3.2年/品种。下达审查测试任务6 632个品种，开展品种权申请实质审查1 891件，审核DUS测试报告1 111件，接收委托测试并安排测试1 910个品种，完成复审技术审查，完成行政、司法等委托特异性鉴定154件。

2016年，发布并实施《农业植物品种保护名录(第十批)》45个属(种)，受保护农业植物种类共138个属(种)。另外，召开《植物新品种保护条例》修订起草组第一次工作会议，标志着该《条例》修订工作启动。此外，我国农业部和国家林业局分别向国际植物新品种保护联盟（UPOV）办公室发函启动参与国际品种权在线申请系统研发项目。

2016年，农业部办公厅发布《关于印发〈农业部植物品种特异性、一致性和稳定性测试机构管理规定〉的通知》（农办种〔2016〕9号），规范了测试机构的管理，保证植物品种特异性、一致性和稳定性测试结果的公正性、科学性和权威性。发布《育种人DUS测试田间确认办法》《委托测试管理办法》和《品种资源项目经费分配办法》，完善制度体系，确保测试体系的管理有章可循。全面规范DUS测试工作流程，制定《植物品种特异性测试中近似品种筛选规程》和《已知品种库建设管理办法》等测试体系内部规范文件。还制定《植物品种鉴定DNA标记法总则》和《测试指南编写规则》，健全植物品种的鉴定和测试体系。此外，审定通过了甘薯等20种植物测试指南，启动研制大丽花等97种植物测试指南，完成了玉米等9种作物分子技术标准的技术验证，建立了指纹采集流程，并采集玉米等1 000份植物品种的DNA，为满足测试需要和实现分子技术辅助筛选近似品种做好技术储备。

不断提升我国植物新品种保护的国际影响力，彰显大国担当。在上海承办了国际植物新品种保护联盟（UPOV）计算机及办公自动化技术工作组（TWC）会议；主动参与国际事务，举办实质性派生品种国际研讨会、国际品种权在线申请系统研讨会、中欧知识产权IP Key项目系列活动等；积极履行国际义务，派员参加中荷、中美品种保护合作交流以及UPOV秋季系列会议等，我国专家的身影不断活跃在国际舞台。

（三）新品种展示推广

农业部安排覆盖31个省（自治区、直辖市）149个粮棉油大县的主要农作物新品种展示示范。共下拨财政资金1 144万元，落实展示方171个，展示品种2 258个，展示面积2 674.3余亩；落实示范方107个，示范品种299个，示范面积12 500余亩。全国农业技术推广服务中心安排水稻、小麦、玉米、棉花、大豆品种展示点184个，展示品种2 513个次；示范点101个，示范品种290个，示范面积10.9万亩。

31个省（自治区、直辖市）各级种子管理部门也加大农作物新品种展示示范工作力度，共安排小麦、玉米、水稻、大豆、马铃薯、棉花、油菜等展示品种77 864个次，面积50.2万亩（小麦11万亩、玉米14万亩、水稻15万亩、大豆0.5万亩、马铃薯5万亩、棉花1万亩、油菜2万亩）；示范品种28 376个次，面积285万亩（小麦40万亩、玉米93万亩、水稻90万亩、大豆4.4万亩、马铃薯19万亩、棉花3.6万亩、油菜35万亩）。

新品种展示示范推进了种子管理部门看禾推荐品种、农民看禾选用品种、种子企业看禾营销品种，促进了农作物品种更新换代。

三、市场监管工作

（一）行政许可管理

2016年8月15日，《农作物种子生产经营许可管理办法》施行。新办法施行之前，农业部及各级农业行政主管部门核发农作物种子经营许可证96个，其中部级22个（包括进出口经营许可证14个，转基因棉花经营许可证2个），省级51个，市级10个，县级13个；核发种子生产许可证590个，其中部级5个（包括转基因棉花生产许可证5个），省级164个，市级173个，县级248个。

新办法施行后，农作物种子生产经营许可二证合一，农业部及各级农业行政主管部门核发农作物种子生产经营许可证724个，其中部级15个（包括进出口种子生产经营许可证7个，外商投资企业种子生产经营许可证2个，转基因棉花种子生产经营许可证6个），省级237个，市级176个，县级296个。

（二）种子市场秩序

2016年，农业部继续在全国组织开展打击侵犯品种权和制售假劣种子行为专项行动，并启动了区域性制假售假专项治理打击行动，取得显著成效。据不完全统计，全国共检查企业9 300多个（次）、市场3.5万个（次）。各地共查处种子案件2 700多起，没收违法所得531.5万元，罚款2 061万元，吊销许可证4个，移送司法案件28起，惩处不法分子365名。通过各地各部门共同努力，种子市场秩序明显好转，违法分子已不敢公开制售套牌种子，套牌侵权行为明显减少，企业自有品种销量明显提高。

主要做法：一是强化手段建设，突出可追溯管理。结合新《种子法》实施，修订发布了《标签和使用说明管理办法》《二维码编码规则》。以二维码为载体，以管理平台为工具，不断推进可追溯管理体系建设，提高监管效率。二是部门协同与区域联动相结合，打假成效显著。2016年先后组织实施种子企业督查、春季市场检查、生产基地整治、秋季市场检查等行动，重点检测品种真实性和种子转基因成分，抽检品种真实性样品2 218个，检出不真实样品187个，不真实比例为8.6%，比2015年下降4个百分点。三是督办查处举报投诉案件，取得实效。2016年共收到各地举报投诉案件92起，通过电话、公文等多次督促省级农业部门依法严肃查处，确保案件查处效果。部分案件现已移交公安机关，追究违法分子的刑事责任。四是媒体曝光与案件查处相结合，影响面更广。通过种业信息网、农民日报等新闻媒体，分别于4月下旬集中通报查处的16起种子违法案件，警示震慑了不法分子。

（三）种子质量控制与检验

种子质量监管能力建设。一是对申请考核的59家检验机构进行能力验证。二是开展持证337家种子检验机构能力验证。三是开展种子企业能力验证，参加企业250多家。四是举办种子检验新技术与质量控制培训班1期和种子企业检验能力培训班2期，共培训人员500余人。

种子检验技术研发与标准制修订。一是组织编制SSR分子检测技术标准。召开种子分子检测新技术研发研讨会，组织编制玉米、水稻、小麦三大作物纯度鉴定SSR分子标记法和花生、甘薯、香蕉、甘蔗和向日葵5个作物品种鉴定SSR分子标记法等8个标准。二是开展SNP分子检测技术研发。推动七大农作物品种DNA指纹数据库构建工作，参与申报科技部的七大农作物品种DNA指纹数据库构建项目，开展种子SNP检测技术研究专题活动。三是组织开展转基因快速检测法验证、种子活力检测方法验证等工作。

2016年，农业部种子企业监督抽查玉米、水稻和棉花种子质量抽检合格率为99.1%，春季种子市场专项检查种子质量抽检合格率为96.1%，合格率比上年度有提高。

四、种业信息与技术服务

（一）种业基础信息统计

2016年，完善了种业基础信息统计工作机制。通过情况摸查、数据审核、多方验证等多种方式，狠抓种业基础信息的真实性和数据质量，进一步提升了种业基础信息的完整性、可靠性。编制形成的《2016年中国种业发展报告》和《全国种业信息数据手册》，比较全面地反映了我国种业发展进步情况。

（二）种子市场运行动态监测

2016年，强化了监测工作规范，在春夏播、秋冬种农作物种子销售关键时段，组织500个监测点实时监测种子市场终端种子价格、销售量、种子使用及市场出现的新情况，分析农民种植地意向和作物调整力度，发现销售模式的变化和企业服务创新的方式，及时发布7期种情通报，并通过《农民日报》等媒体及时宣传报道，引导企业销售和农民选种。

（三）主要农作物种子产供需形势调度分析

为对接农业供给侧改革和种植结构调整落地对用种结构变化的先导要求，发动各级种子管理机构深入重点地区调查研究，组织多场基层专家和企业代表座谈交流，适时召开春、夏、秋三次例会会商全国主要农作物种子产供需形势，及时发布种子产供需形势分析预测，一些重要种情须上报国务院，为政府组织农业生产、种子企业制定产销策略提供重要参考。针对新疆维稳任务重、制种基地分布广、种子私繁滥制严重、掌握种子生产情况难度大等问题，应用卫星遥感影像与光谱条纹分析技术对我国新疆玉米制种情况进行追踪监测，取得了实质性突破，提升了玉米制种监测科学化水平，为增强玉米供种安全研判能力、市场监管和快速响应能力提供了有力支撑。

（四）行业信息及产品交流

2016年9月，全国种子信息交流暨产品交易会在山东省济南市召开。此次双交会参展企业近300家，参会企业1 000多家，展示种子科研、生产、加工及检验检测、种子包衣等相关行业的新产品新成果2 000多种（项），并安排了黄淮海区玉米品种创新成果大会展，集中展示151家企业540个玉米新品种。在实物展览的基础上，组织种业高峰论坛、信息发布会、玉米产业与种业发展论坛、种衣剂研讨会等专场活动。本届展会针对农业供给侧结构性改革热点，聚焦玉米产业融合发展，通过为饲料企业、养殖大户、种植大户、种业企业、种子经销商搭建互动对接平台，推进玉米产业链上下游融合发展，加快种业企业发展壮大。

（五）玉米籽粒机收品种筛选推广与产销模式创新探索

2016年全国农业技术推广服务中心深入推进东北玉米籽粒机收品种筛选推广及产销模式项目，构建了辐射东北四省区的多层次、多区域的试验研究及产销模式推广布局体系，在吉林省公主岭市建立1个核心示范区，在吉林省选择10个主产县和在公主岭市选择10个乡镇各建立1个产销模式推广示范点，在黑龙江、辽宁和内蒙古各建立1个技术研究及产销模式试验点，并开展25场全国性和区域性大型现场观摩活动，掀起产业链各方对玉米籽粒机收的热潮，树立起玉米籽粒机收的风向标。筛选和测评了40多个品种、14型籽粒收获机械，发现了适合籽粒机收的品种和机械，并初步形成了以品种熟期选择、品种机收性能提升、籽粒机收机器选择、粮食烘干设施配备为主要内容的玉米籽粒机收生产模式和服务模式。评估了玉米籽粒机收模式的效益与推广前景，估算出东北四省区可推广面积约为1.4亿亩，潜在经济效益在200亿元以上，同时籽粒机收模式将秸秆直接粉碎还田，有利于培肥地力，避免秸秆集中焚烧引发严重雾霾，减少碳排放，具有巨大的生态价值。圆满完成了项目的既定目标，初步探索出了一条增强我国东北玉米竞争力的技术新路。

五、行业协会服务

（一）认真做好信用建设工作

中国种子协会认真组织了2016年中国种业信用骨干企业和中国蔬菜企业信用骨干企业认定。得分前57名的种业企业被认定为中国种业信用骨干企业，前十名为“中国种业信用明星企业”。蔬菜企业排名前15家为中国蔬菜企业信用骨干企业。继续开展了2016年信用等级评价申报评审和年度复查工作，有24家企业因企业重组、经营许可到期未续办或未提供复查材料等原因，信用等级被取消。到目前为止，全国获得信用等级A级以上的企业364家，其中AAA级企业124家，AA级企业154家，A级企业86家。

（二）主动做好协调配合工作

一是组织《种子法》三个配套办法相关培训。中国种子协会根据企业的要求，于2016年9月4日至5日，在农业部管理干部学院举办了《种子法》三个配套办法培训班。来自全国20个省（自治区、直辖市）的122个单位，共192人参加培训。二是开展种业科技创新调研活动。为全面推进种业科技创新能力建设，研究政府引导、企业积极进取的具体措施，在农业部种子管理局的支持下，中国种子协会分别深入到13个省（自治区、直辖市），采取看现场、听汇报、找问题、理思路、商对策等方式，重点对64家种子企业近5年来科技创新情况进行了专题调研。同时，还收到了6个省（自治区、直辖市）的12家种子企业提交的科技创新情况报告，共计76家。在调查研究的基础上，撰写了调研综述，并将种子企业的报告和调研综述汇编成册，提供给有关部门、种子企业和科研单位参考。三是组织出版《种业十大功勋人物》。为传承种业精神，实现种业强国梦想，2016年中国种子协会联合农民日报、央视七套、中国农业出版社共同组织采写、编辑出版了《中国种业十大功勋人物》一书。以传记的形式分别记述了10位功勋人物的事迹，深深镌刻着种业人执着的印迹，传递着种业人的无私与梦想。

（三）积极做好行业服务工作

一是积极推进制种保险。按照部种子局和保监会的要求，中国种子协会联合人保财险、华农保险等有关部门开展调研和商讨，积极推进种子生产保险工作的落实。目前，已在海南、四川、江苏、甘肃等省开展了种子生产保险试点。南繁制种分会在2015年杂交水稻制种保险推行的基础上，进一步在种子企业和制种大户中进行大力宣传，讲解投保的重要性，对提高大家的保险意识起到了重要作用。二是组织灾后恢复生产种子捐赠活动。2016年夏季，我国安徽、湖南、湖北、河北等省相继遭遇暴雨灾害，给部分地区农业生产造成严重损失。中国种子协会号召广大种子企业紧急行动起来，支援救灾种子，帮助灾区恢复农业生产。根据各灾区的需求，共向湖南、安徽、河北等省灾区捐赠种子约11 037千克，价值约400多万元。三是组织召开种子企业“走出去”座谈会，重点研讨我国种子企业尤其是水稻种子企业和棉花种子企业在走出去过程中的问题和策略，讨论实施“抱团出海，协同发展”战略的措施和建议。

（四）着力推进国际交流活动

中国种子协会组织会员企业赴美参加美国第55届蔬菜花卉种子大会、赴乌拉圭参加世界种子大会年会（ISF）。蔬菜分会与荷兰瓦赫宁根大学共同组织蔬菜会员企业赴荷兰、西班牙学习培训；水稻分会、国际合作分会与亚太种子协会、印度种子协会共同组织了水稻会员企业赴印度考察活动。

附 录

附录一　2016年种子工作大事记

1月

1月6日，余欣荣副部长会见中信集团副董事长兼总经理王炯同志一行，听取汇报中信集团并购隆平高科及种业国际合作的有关情况，要求大力支持现代种业发展，推动民族种业做大做强。种子局、办公厅、国合司、种植业司等有关司局负责同志参加。

1月11日，余欣荣副部长在部内主持召开种业科研成果权益改革座谈会，听取2016年种业权益改革方案和改革文件起草情况汇报，安排部署下一阶段重点工作。

2月

2月4～5日，余欣荣副部长赴浙江调研，就贯彻落实2016年中央1号文件关于“深入推进种业领域科研成果权益分配改革”的决策部署，听取浙江、江苏、湖南、安徽、陕西等5省农业主管部门、省级农科院所负责同志及有关专家的意见建议，并就下一阶段重点工作做出部署。

2月18～20日，余欣荣副部长出席加快现代种业发展培训班开班式并作主旨报告，各省（自治区、直辖市）种子管理机构、新品种测试分中心以及种业骨干企业的负责同志约200余人参训。

4月

4月17日，余欣荣副部长出席水稻、小麦良种重大科研联合攻关试点部署会，要求启动水稻、小麦良种联合攻关试点，加快培育一批满足农业供给侧改革需求的新品种。种子局、科教司有关负责同志参加。

5月

5月18日，余欣荣副部长在北京主持召开“以资本为动力加速种业转型升级”座谈会，邀请财政部、中国人民银行、国资委和证监会有关同志和部分骨干种子企业负责人参加，研究利用资本市场加快现代种业发展的政策措施。

5月19日，余欣荣副部长赴中国农科院调研种业人才发展和科研成果权益改革工作，听取有关试点单位改革进展及2016年重点任务汇报，并部署下一阶段主要工作。

7月

7月18日，张桃林副部长出席全国种业人才发展和科研成果权益改革工作视频会议并讲话，要求贯彻落实2016年中央1号文件和《关于扩大种业人才发展和科研成果权益改革试点的指导意见》有关要求。科技部、财政部、教育部、人社部相关部委同志出席，全国33个分会场共1 100余人参加。

9月

9月26日，余欣荣副部长在北京市农林科学院调研种业科技创新成果，听取北京等10个改革重点省（自治区、直辖市）以及相关科研机构种业人才发展与科研成果权益改革进展情况汇报，并就继续深入推动改革试点工作作出部署。

9月29日，余欣荣副部长赴科技部与科技部王志刚书记沟通汇报四大作物良种攻关事宜。种子局、科教司负责同志参加。

10月

10月9日，余欣荣副部长带队赴中国证监会，专题研究资本市场加快现代种业发展问题。中国证监会刘士余主席、姜洋副主席参加会见，积极支持资本市场加快现代种业发展。

10月10日，余欣荣副部长在吉林省召开的玉米、大豆、水稻、小麦等四大作物良种重大科研联合攻关进展情况调度会上，要求深入开展良种联合科技攻关，加快主要粮食作物新一轮品种更新换代。财政部、科技部以及部内种子局、科教司、财务司、计划司等有关司局负责同志参加。

10月30日，余欣荣副部长在海南省三亚市召开国家南繁工作领导小组会议，研究推动南繁规划落实，部署南繁重点工作。会后印发了《国家南繁领导小组会议纪要》。

11月

11月18日，余欣荣副部长参加全国现代农作物种业发展工作会议，为十佳明星企业授牌并讲话。部内有关司局负责同志、部分省农业主管部门、各省种子管理机构及有关企业负责同志参加。

附录二　2016年种子工作文件

农业部关于贯彻实施《种子法》全面推进依法治种的通知

农种发〔2016〕1号

各省、自治区、直辖市及计划单列市农业（农牧、农村经济）厅（局、委），新疆生产建设兵团农业局、黑龙江省农垦总局，各有关单位：

《中华人民共和国种子法》（以下简称《种子法》）已由十二届全国人民代表大会常务委员会第十七次会议于2015年11月4日修订通过，自2016年1月1日起施行。为认真贯彻实施新修订的《种子法》，全面推进依法治种，促进现代种业发展，现通知如下。

一、增强学习贯彻《种子法》的自觉性和责任感

（一）深刻认识重要意义

新修订的《种子法》是在总结过去15年实践的基础上，结合现代农业发展需求和种业发展现状，并借鉴国际种业立法理念，对我国种业基本法律制度的全面修订和完善。此次修订贯彻了中央全面深化改革、依法治国战略布局的要求，契合了发展现代种业的部署，顺应了我国种业改革发展的客观要求，为加快现代种业发展、建设种业强国奠定了法律基础，对于转变农业发展方式、确保国家粮食安全具有重要意义。各级农业主管部门要深入学习领会，更新观念，深化认识，把思想和行动统一到《种子法》的新要求上来，切实增强使命感和责任感，把各项法定制度和职责落到实处，全面推进依法治种。

（二）准确把握精神实质

《种子法》以发展现代种业、保障粮食安全、保护农民利益为宗旨，坚持市场化改革方向，按照鼓励创新、简政放权、放管结合原则，对种业科研育种、生产经营、监督管理等制度进行了全面改革。学习贯彻《种子法》，要坚持深化种业体制改革，推进种子管理简政放权，激发市场主体活力；要坚持强化企业创新主体地位，推进科研改革和自主创新，保护创新者合法权益；

要坚持保护农民利益，健全企业行为规范，加强事中事后监管，强化主体责任落实，加大违法行为处罚力度和赔偿责任；要坚持保障粮食安全，完善种子质量监督管理，健全种子储备体系，规范种业对外交流合作，强化安全审查，确保种业安全。

二、建立健全适应现代种业发展的法律制度体系

（三）建立鼓励创新的财政支持和品种权保护制度

坚持创新驱动发展理念，加大种业创新财政投入和政策扶持力度，支持科研单位基础研究和企业自主创新，推进鼓励创新政策的制度化建设。完善种质资源保护与利用制度，促进种质创新和依法开放利用。实施严格的植物新品种保护制度，优化品种权申请、受理、审查和授权流程，健全品种权信息公开机制，保护品种权人合法权益。建立以财政支持为主形成的种业科研成果依法公开转让制度，禁止私自交易。

（四）完善适应现代农业发展的品种管理制度

以培育优质高产多抗广适、适宜机械化的新品种为目标，改革主要农作物品种审定制度，建立以种性安全为重点的“绿色”指标体系。拓宽品种试验渠道，支持育繁推一体化企业开展自有品种试验；鼓励符合条件的企业联合体、科企联合体、科研单位联合体组织开展品种试验，纳入国家或省级试验统一管理。建立同一生态区省间引种备案制度，明确引种者责任。坚持以市场需求为导向，按照全国统一、部省协同的要求，建立非主要农作物品种登记制度。

（五）健全种子企业准入和行为规范制度

按照简政放权、放管结合、优化服务要求，合并种子生产经营许可制度，取消注册资本、先证后照等要求，简化许可审批程序，方便申请者。针对企业设立分支机构、委托生产或代销、专门经营不再分装的包装种子，建立县级备案制度，利用全国种业信息平台开展在线申请、许可审批和网上备案。推进企业行为规范化制度建设，健全种子生产经营档案制度、标签真实性制度和产地检疫制度，建立企业信用信息公开机制。

（六）强化种业安全保障的产业监督制度

完善种子质量监督管理制度，健全检测技术标准，推行种子自愿认证制度，强化质量安全主体责任落实，结合标签标识信息实现可追溯，保障种子质量安全。以救灾调用和余缺调剂为目标，建立健全国家和省级种子储备制度。完善种子进出口管理制度，引进国外优良品种资源，加快推动对外合作交流。按照平等、互利、共赢原则，建立种业外商投资和合作研发安全审查机制，维护国家主权和种业安全。

三、切实履行《种子法》赋予的各项职责任务

（七）依法履行行政管理职责

加强主要农作物品种审定管理，规范试验审定程序，强化过程监管，启动同一生态区省间

引种备案，提高引种质量和效率。实施非主要农作物品种登记，加强登记信息和标准样品管理。加强新品种权保护管理，扩大保护范围，加快DUS测试和授权，推行品种DNA鉴定和身份标识，提高保护水平。省级要严格育繁推一体化企业许可审批，加强种质资源保护、种子储备和进出口管理；县级依法开展种子生产经营许可及备案管理。

（八）加大市场监管力度

采取有力措施加强市场监管和执法监督，依法惩处侵害农民利益和企业合法权益的违法行为，将违法纪录纳入社会征信体系。强化事中事后监管，抓住重点作物、重点区域，按照“双随机”要求开展企业督查、市场检查和基地巡查，强化种子标签真实性监管，依法行使行政强制权。以品种真实性为核心，利用全国品种数据、标准样品和快速检测方法，打击假冒侵权等违法行为。上级农业主管部门要加强对下级农业主管部门依法监管情况督导，强化行政问责，坚决纠正不作为、乱作为等行为。

（九）推进种业体制改革

要把推进种业改革作为各级农业主管部门的重要职责，以改革增强种业创新发展活力。坚持基础性科研与商业化育种合理分工，强化企业创新主体地位，鼓励企业利用公益性成果培育新品种。推进种业科研成果权益化改革，探索建立成果权益分享、转移转化和科研人员分类管理机制，促进科研人才向企业有序流动。推进种业科企合作，建立产学研结合的研发创新体系，提升种业育繁推一体化水平。

（十）推动落实种业政策

加强与财政、发改、科技、金融保险等部门沟通，强化工作协调机制，把法定政策措施落实到位。以鼓励品种创新为目标，增加财政投入，支持种质资源保护和品种选育、试验及示范推广，研究建立按推广面积的品种后补助机制。以稳定基地、提升产能为目标，将优势制种基地划入基本农田永久保护，落实制种大县奖励、制种保险和农机补贴政策，加快推进育制种基地建设。

四、进一步推进依法治种能力和管理效能建设

（十一）依法厘清和强化种子管理职能

各级农业主管部门要依法厘清和强化种子管理职能，加快由管种子向管种业转变，加强种质资源收集、新品种保护、品种审定与登记、种子生产经营许可与备案、质量监督等管理工作，坚持粮食经济作物并重、种子种苗并重、管理服务结合，由以事前许可为主向强化事中事后监管转变，构建理念先进、职能明确、制度健全的种业管理体系。各级农业主管部门所属的综合执法机构或者受其委托的种子管理机构，依法开展种子执法相关工作，建立健全种子全程监管机制。

（十二）加强县级管理队伍和能力建设

县级农业主管部门是贯彻实施《种子法》的基础力量，要充实县级种子管理执法队伍，加强种子生产经营许可、备案管理及假冒侵权案件查处等工作。开展品种试验示范、审定或登记后的跟踪评价以及种业信息采集。强化管理能力建设，改善种质资源保护和品种试验、展示示范、种子检测、执法装备等基础设施条件，建立健全技术规范标准和管理制度，保障种子管理工作经费，提高技术支撑和服务能力。

（十三）推进种业信息化建设和可追溯管理

建立全国种业大数据信息平台，汇集品种保护、审定、登记和种子生产经营许可及备案、标签等信息，构建从品种选育到种子零售的数据链，用信息化贯穿种业管理全过程，提高管理效能。加强种业信息采集分析，做好与全国信息平台的对接和数据共享，实现可查询可追溯。实施品种身份标识和种子质量认证，为科学公正执法提供信息支持。鼓励利用互联网建立面向农户的品种推广大数据，形成线上线下相结合的新品种展示示范体系，为农民选购良种、企业推广良种提供信息服务。

（十四）强化管理执法效能和作风建设

加强种子管理和执法制度建设，健全部省联动、地区联动机制，推动信息共享、结果公开。建立种子管理权力与责任清单，做到有权必有责、用权受监督、违法要追究。加大案件查处力度，依法严惩违法行为，涉嫌犯罪的及时移交司法机关，杜绝以罚代管、以罚代刑。对管理人员参与种子生产经营、试验检测人员弄虚作假、执法人员有案不查的，要依法依纪严肃查处和问责。

五、加强贯彻实施《种子法》的组织领导

（十五）加强统筹协调

各级农业主管部门要把贯彻实施《种子法》摆在更加突出的位置，切实加强组织领导，强化部门协作，共同抓好《种子法》的贯彻实施。对新增的法定职责和管理职能等事项，要加强与编制、人事、发改、财政等部门沟通协调，配套相应保障措施。充分发挥种子行业协会在宣传法规政策、强化行业自律、维护合法权益、推动诚信建设、参与社会监督、提供咨询服务等方面的作用。

（十六）完善配套法规规章

农业部正在按照《种子法》要求，抓紧制修订品种审定等配套规章。省级农业主管部门要主动做好与省级人大立法机构、政府及相关部门的沟通汇报，积极配合开展贯彻实施《种子法》调研，推动地方性法规制修订相关工作。各级农业主管部门要立足本地农业发展实际和种业现状，认真梳理种子管理方面的规章制度，不符合《种子法》精神的要及时清理废除，不适应新要求的要抓紧修订完善。

（十七）强化普法培训宣传

省级农业主管部门要制定《种子法》宣传培训计划，结合供种关键季节开展形式多样的宣传培训活动。加强培训师资力量建设，准确把握立法精神和原则，做到深刻理解、系统讲授。要以县为单位，面向科研单位、企业、经销门店和种植大户、专业合作社开展培训，夯实全行业懂法守法、依法从业的基础。利用广播电视、网络报刊、挂图等方式，把法律新规普及到基层乡村农户，让经营者自觉遵法守法、农民学会运用法律维护权益。

（十八）开展贯彻实施情况督导检查

各级农业主管部门要加强贯彻实施《种子法》进展调查，及时反映实施中出现的新情况新问题，制定应对预案和解决措施，保障法律顺利实施、有序衔接。省级农业主管部门要加强《种子法》实施情况督导检查，于2016年6月底以前将贯彻实施总体情况报送农业部种子管理局。农业部将适时组织开展全国贯彻实施情况检查，共同营造有法必依、执法必严的良好局面，依法保障现代种业发展。

农业部

2016年1月15日

农业部办公厅关于印发水稻小麦玉米大豆良种重大科研联合攻关试点实施方案的通知

各有关单位：

为贯彻落实2016年中央1号文件关于全面推进良种重大科研联合攻关的精神，我部决定在继续实施玉米、大豆良种重大科研联合攻关试点基础上，开展水稻、小麦良种重大科研联合攻关试点，加快提升我国主要粮食作物品种创新能力，实现藏粮于技。

现将《水稻良种重大科研联合攻关试点实施方案》《小麦良种重大科研联合攻关试点实施方案》《2016年玉米良种重大科研联合攻关试点实施方案》《2016年大豆良种重大科研联合攻关试点实施方案》印发给你们，请按照方案要求，全力做好良种联合攻关各项工作。

农业部办公厅

2016年4月29日

水稻良种重大科研联合攻关试点实施方案

为贯彻落实《中共中央、国务院关于落实发展新理念　加快农业现代化实现全面小康目标的若干意见》(中发〔2016〕1号）精神，农业部组织开展水稻良种重大科研联合攻关试点，特制定水稻良种重大科研联合攻关试点实施方案。

一、总体思路

在水稻联合攻关专家委员会组织指导下，以水稻生产需求和可持续发展为导向，以有实力的育繁推一体化种子企业和优势科研教学单位组成的攻关联合体为依托，创新任务统分结合、资源有条件共享、收益按比例分成、政府与企业共同投入的联合攻关机制，政产学研用结合，集聚行业内优势力量，构建水稻商业化育种体系，搭建水稻种质资源发掘、全基因组选择育种、骨干亲本创制、新组合筛选、苗头品种测试平台，鉴定、创制一批满足水稻育种需求的优异种质资源，选育一批性状优良、具有国际市场竞争力的突破性新品种，提升种业自主创新能力，继续保持我国水稻育种国际领先水平，为保障我国“口粮安全”奠定坚实品种基础。

二、攻关目标

到“十三五”末，水稻良种重大科研联合攻关试点达到如下目标：

（一）创制一批突破性的水稻新种质

创制优质、抗主要病虫害、耐高低温、水肥高效利用、重金属低积累等突破性水稻新种质100余份，创制2 ～ 3个杂交稻骨干亲本，为培育突破性水稻新品种以及水稻的可持续发展提供强有力的种质支撑。

（二）建立与完善杂交水稻全程机械化制种技术体系

创制一批“高异交率新不育系”“非转基因抗除草剂”等核心种质；培育高抗倒伏、高异交率、适应全程机械化制种的亲本及其杂交稻新组合2 ～ 3个；通过农艺与农机的有效结合，建立杂交水稻全程机械化制种技术体系，推进杂交水稻种业技术升级。

（三）构建水稻全基因组选择育种公共服务平台

整合攻关联合体内的优势科研院所和育繁推一体化企业的生物技术平台能力，构建服务于攻关联合体的全基因组选择育种技术服务平台1 ～ 2个。按照全面开放共享和市场化运作的原则，优先为攻关联合体成员单位提供高通量分子标记检测、基因芯片检测、基因定位、杂种优势预测、性状聚合和定向改良等服务，为攻关联合体成员单位育种提供技术支撑。

（四）培育适宜轻简化生产的优质、安全、高效新品种

到“十三五”末，水稻良种重大科研联合攻关将培育适宜轻简化生产的优质、安全、高效水稻新品种30 ~ 40个。

分稻区品种具体技术经济指标：

东北粳稻区：全生育期125 ~ 160天，产量比同熟期对照品种增产3%以上；品质达到农业部行业标准（NY/T59—2013，下同）2级以上；抗倒伏、抗稻瘟病、耐冷性强（低温处理，空壳率一般低于20%）；适宜机插及直播等轻简栽培。

长江中下游粳稻区：全生育期与同熟期对照相当，产量比同熟期对照增产3%以上，或产量与同熟期对照相当，熟期比对照早3天左右；主要品质指标达到农业部行业标准2级以上或食味品质优良；芽期耐低氧（耐淹），抗倒力强，适宜机插、直播等轻简栽培；中抗稻瘟病和条纹叶枯病。

长江中下游双季早稻区：全生育期105 ~ 110天，产量比同熟期对照增产3%以上；食用型早稻品质达到农业部行业标准3级以上，加工型早稻品质要求直链淀粉含量25%以上；苗期耐寒，芽期耐低氧（耐淹），抗倒力强，适宜直播等轻简栽培；重金属镉低积累；中抗稻瘟病。

长江中下游双季晚稻区：（1）适宜机插的特早熟双季晚稻。全生育期105 ~ 108天，产量比同熟期对照增产3%以上；品质达到农业部行业标准2级以上；抽穗扬花期耐低温，抗倒力强，适宜机插等轻简栽培；重金属镉低积累；中抗稻瘟病；中抗稻飞虱。（2）中熟双季晚稻。全生育期110 ~ 116天，产量比同熟期对照增产3%以上；品质达到农业部行业标准2级以上；抽穗扬花期耐低温，抗倒力强；重金属镉低积累；中抗稻瘟病；中抗稻飞虱。

长江中下游一季籼稻区：全生育期130 ~ 135天左右，产量比同熟期对照增产3%以上；品质达到农业部行业标准3级以上；抽穗扬花期耐高温、低温能力强，抗倒伏；重金属镉低积累；中抗稻瘟病；中抗稻飞虱。

长江上游一季稻区（包括一季籼稻区和高原一季粳稻区）：全生育期与同熟期对照相当，产量比同熟期对照增产3%以上；品质达到农业部行业标准3级；或品质达到农业部行业标准2级以上，产量与同熟期对照相当；穗期耐高温（川东）或耐低温（盆周山区、云贵高原稻区）；抗倒力强，适宜直播等轻简栽培；重金属镉低积累；中抗稻瘟病；中抗稻曲病。

华南双季稻区：（1）高产优质抗病早、晚稻。全生育期105 ~ 130天左右，产量比同熟期对照增产3%以上；品质达到农业部行业标准3级以上；耐寒性较好，芽期耐低氧（耐淹），抗倒力强，适宜直播等轻简栽培；中抗稻瘟病；中抗白叶枯病。（2）特优质水稻。全生育期105 ~ 130天左右，产量与同类同熟期的对照相当，食味佳、米粒长宽比3.0以上；品质达到农业部行业标准2级以上；重金属低积累；抗倒；中抗稻瘟病；中抗白叶枯病。

（五）推广水稻新品种1.5亿亩以上

在东北、长江上游（西南）、长江中下游、华南等4个水稻主产区，通过良种良法配套、

农艺农机结合，累计推广达到以上指标的水稻新品种1.5亿亩，增产稻谷60亿斤*，节本增收150亿元。

三、主要任务

（一）优异育种材料发掘与创新

加强国内外优异水稻种质资源的收集保护、鉴定评价，规模化发掘具有重要育种价值的材料，包括含有高产、优质、抗病虫、抗逆、养分高效利用以及适宜机械化制种与生产等优异基因资源和有利等位基因的新种质，利用基因芯片技术和高效表型鉴定平台，每年对1 000份水稻种质资源进行表型和基因型精准鉴定，创制100 ～ 120份优质、抗主要病虫害、耐高低温、水肥高效利用、重金属低积累的特异育种中间材料。

（二）育种技术创新与应用

充分发挥攻关组内的全基因组辅助选择育种技术服务平台的条件和能力，开展分子标记辅助育种、基因芯片辅助育种等技术的研究和优化工作，克隆定位关键基因或QTL、开发功能标记，并将全基因组辅助育种技术充分应用于联合攻关，开展材料创制、优势预测、定向改良等工作，全面建立和完善水稻分子和基因组辅助育种技术体系。

（三）杂交水稻全程机械化制种技术体系研创

加强对“高异交率、高商品质量、非转基因抗除草剂”等特异种质的研创，培育出适宜全程机械化制种杂交稻新品种；通过与农艺、农机的紧密结合，开展杂交水稻全程机械化制种示范和规模化生产。

（四）适宜轻简化生产的优质、安全、高效水稻新品种培育与筛选

在东北、长江上游（西南）、长江中下游、华南等4个水稻主产区，对攻关联合体成员单位培育的新品种进行统一鉴定与评价，每年鉴定新组合不少于1万个，从中筛选出3%左右综合性状优异的品种进入复鉴或苗头品种测试。

（五）苗头品种测试和特性评价

利用现有水稻良种重大科研攻关联合体成员单位的测试网，在东北、长江上游（西南）、长江中下游、华南等4个水稻主产区设测试点，对筛选平台入选的综合性状优异、适宜轻简化生产的优质、安全、高效水稻苗头品种统一进行多点测试，每年测试品种500个左右（东北粳稻、南方粳稻、西南中籼、长江中下游中籼、长江中下游早中熟早、晚稻、华南双季早、晚稻等8个主要类型），重点测试品种丰产性、生态适应性、品质、抗病虫、抗逆、水肥高效利用及适宜机械化等特性，建立和完善重要性状（抗病虫、耐高低温、水分及养分高效利用、品质等）评价体系。

（六）加强育种人才培养与信息交流

采取定人、定向、定点培训的方式，为参加联合攻关种子企业培养商业化育种骨干人才，

* 斤为非法定计量单位，1斤＝0.5千克。

在每年召开的全国水稻遗传育种年会期间，增设水稻商业化育种专题，在中国水稻研究所等单位定期举办企业育种家培训班。同时，依托育繁推一体化企业按年度为单位，不定期举办育种交流培训活动，帮助企业提高自主品种创新能力；全面采集基础材料、品种筛选、品种测试、水稻育种进展等信息，在国家水稻数据中心(www.ricedate.cn)基础上进一步完善，建设信息共享的国家级水稻育种数据库，为打造具有国际竞争力的种子企业提供人才与信息支撑。

四、工作措施

搭建优异育种材料发掘与创新、全基因组选择育种、优异组合筛选、苗头品种测试等4个平台，保证种质资源鉴定与深度评价、育种材料创制、优异组合筛选、苗头品种测试等攻关工作的顺利开展。

（一）建立优异育种材料发掘与创新平台

依托中国水稻研究所等攻关联合体中的科研教学单位和育繁推一体化种业企业研发机构，搭建优异育种材料发掘与创新平台，建立水稻种质资源重要性状规模化鉴评技术方法和标准，在浙江、黑龙江、北京、湖南、四川、云南、湖北、江西、海南等地开展水稻种质资源规模化表型鉴定、基因型鉴定，筛选优异资源。在此基础上，通过杂交、回交、复合杂交等选育和改良方法，结合高通量分子标记鉴定和芯片鉴定等技术，建立分工合作的程序化、规模化优良骨干育种材料培育流程，选育新型高配合力优良水稻不育系、恢复系等骨干种质。同时，关注国际水稻育种最新动态，利用基于有序间隔的短回文重复核酸酶（CRISPR/Cas9）的基因组编辑等技术，创制水稻特异新种质。所获得的不同类型优良骨干育种材料，通过与不同生态区代表性骨干亲本测交及鉴定，探明骨干材料的配合力等重要育种性状。

（二）建立全基因组辅助选择育种技术服务平台

在长沙、杭州、武汉等地，分别依托华智水稻生物技术有限公司、中国水稻研究所、中国种子集团有限公司等单位已有的生物育种平台，建立全基因组辅助选择育种技术服务体系，每个平台每年完成5 000 ～ 10 000份以上育种材料的检测工作，分子标记检测20万～ 30万个次以上，基因芯片检测1 500 ～ 2 000个次以上，并开展基因定位克隆、优势预测、定向改良等服务，为联合攻关提供技术支撑。

（三）建立优异组合筛选平台

在东北、长江上游（西南）、长江中下游、华南等4个水稻主产区，分别由天津天隆种业科技有限公司、佳木斯龙粳种业有限公司、四川华丰种业有限责任公司、中国种子集团有限公司、袁隆平农业高科技股份有限公司、北京金色农华种业科技有限公司、安徽荃银高科种业股份公司、江苏中江种业股份有限公司、广西恒茂农业科技有限公司、广东省金稻种业有限公司等种子企业承担，建立8个（东北粳稻、南方粳稻、长江上游中籼、长江中下游中籼、长江中下游早中熟早、晚稻、华南双季早、晚稻等8个主要品种类型）100亩以上的优异组合筛选平台，对联合攻关单位、特别是公益性科研教学单位新配制的杂交组合进行鉴定与评价，每个平台每年鉴定新组合不少于2 500个，按比当前主栽品种（对照）增产3%以上、品质达部颁优质3级以上、抗主要病虫害等指标，筛选出3%左右综合性状较优异的新品种，进入苗头品种测试。

（四）建立苗头品种测试平台

在东北、长江上游（西南）、长江中下游、华南等4个水稻主产区，分别由佳木斯龙粳种业有限公司、天津天隆种业科技有限公司、四川华丰种业有限责任公司、中国种子集团有限公司、袁隆平农业高科技股份有限公司、北京金色农华种业科技有限公司、安徽荃银高科种业股份公司、江西现代种业股份有限公司、江苏中江种业股份有限公司、广西恒茂农业科技有限公司、广东省金稻种业有限公司等种子企业建立东北粳稻、南方粳稻、长江上游中籼，长江中下游中籼、长江中下游早中熟早、晚稻、华南双季早、晚稻等8个苗头品种测试平台。重点测试品种的生态适应性、品质、抗病虫、抗逆、水肥高效利用及适宜机械化等特性，确定品种的生产利用价值和适宜种植区域，从中筛选出性状优良的苗头品种，其测试结果作为进入品种审定试验或符合条件育繁推一体化种子企业品种审定绿色通道试验的依据。同时，根据国家的绿色发展战略，培育出抗病、抗虫、耐逆、优质、安全的绿色种子。

（五）建立水稻科研成果共享与收益分配机制

对联合体成员单位提供的核心种质资源、中间材料、亲本、相关技术以及新育成品种进行确权、登记、价值评估，确定预期成果的所有权归属与收益权分配比例。原则上，利用成员单位成型不育系直接配组的新品种，材料提供方拥有该组合的知识产权比例为40%；利用成员单位成型恢复系直接配组的新品种，材料提供方拥有该品种的知识产权比例为30%；对利用成员单位核心种质资源或中间材料选育的新品种（亲本），材料提供方拥有该品种（亲本）的知识产权比例不少于15%；利用人才、技术等其他类型资源要素选育的新品种，根据评估、确权结果或者双方协议约定其成果的收益比例。承担品种筛选和测试任务的种子企业，在区域内享有供试新品种优先开发权。

在广泛征求联合体成员单位意见和建议基础上，出台水稻种质资源和骨干亲本交流管理办法、水稻科研成果共享与收益分配管理办法，明晰水稻育种资源产权归属，强化知识产权保护。

（六）建立政府补助与企业自筹相结合的投入机制

在现有科研项目、相关财政专项和企业自筹资金基础上，启动水稻良种重大科研联合攻关试点，支持联合体成员单位科企联合或单独申报国家项目，取得资金支持；畅通联合体成员单位种子企业与科研教学单位合作的渠道，完善合作机制，鼓励和支持种子企业加大合作投入力度。

五、组织保障

（一）成立水稻良种攻关专家委员会

成立以万建民院士为首席专家，谢华安院士、陈温福院士为顾问的水稻联合攻关专家委员会，成员包括中国水稻研究所胡培松研究员（兼秘书长）、四川省农业科学院任光俊研究员、袁隆平农业高科技股份有限公司杨远柱研究员、天津天隆种业科技有限公司华泽田教授、中国种子集团有限公司生命科学技术中心彭俊华研究员、黑龙江省农业科学院佳木斯水稻所潘国君研究员、江西省农业科学院余传元研究员、广东省农业科学院水稻所王丰研究员、华智水稻生物技术有限公司张健总经理等，专家委员会负责攻关顶层设计、方案制定和全程技术指导与服务。专家委员会秘书长单位为中国水稻研究所，负责联合攻关日常工作，做好联合攻关规范运行、有序实施的各项服务工作。

（二）组建水稻良种攻关联合体

组建统分结合、紧密协作的水稻良种攻关联合体，成员单位包括国内有实力的育繁推一体化水稻种子企业和优势科研教学单位。

种子企业15家。袁隆平农业高科技股份有限公司、中国种子集团有限公司、北京金色农华种业科技有限公司、安徽荃银高科种业股份公司、佳木斯龙粳种业有限公司、湖南金健种业科技有限公司、浙江勿忘农集团公司、广西恒茂农业科技有限公司、广东省金稻种业有限公司、四川华丰种业有限责任公司、四川国豪种业股份有限公司、江苏中江种业股份有限公司、天津天隆种业科技有限公司、湖北省种子集团有限公司、江西现代种业股份有限公司等。

科研教学单位20家。中国农业科学院作物科学研究所、中国水稻研究所、南京农业大学、福建省农业科学院水稻所、沈阳农业大学水稻所、四川省农业科学院、武汉大学、湖北省农业科学院粮作所、江西省农业科学院、江西农业大学、安徽省农业科学院水稻所、江苏省农业科学院粮作所、黑龙江省农业科学院佳木斯水稻所、吉林省农业科学院水稻所、辽宁省农业科学院稻作所、湖南杂交水稻研究中心、湖南农业大学、广东省农业科学院水稻所、广西农业科学院水稻所、云南省农业科学院粮作所。

优异种质资源鉴定发掘、规模化分子鉴定与基础材料创制等公益性、基础性研究主要由科研教学单位承担，优良自交系亲本选育由科研教学单位与育繁推一体化种子企业分工合作开展，新配制组合筛选、苗头品种测试主要由育繁推一体化种子企业承担，各协作单位根据承担的任务分工与攻关专家委员会签订协作任务书。协作任务书由攻关专家委员会统一制定。

六、2016年主要活动计划

秘书长单位协调专家委员会成员与攻关联合体成员单位，研究制定具体工作方案，落实各成员单位的工作任务、工作进度、考核指标等。主要活动计划如下：

（一）优异种质资源现场评价与交流

由中国水稻研究所组织攻关联合体中的科研教学单位和育繁推一体化企业，在杭州、黑龙江、北京、湖南、四川、云南、湖北、江西等地开展水稻种质资源规模化表型鉴定。9月份，在杭州召开现场观摩会，加大优质、抗逆、水分、养分高效利用及适宜机械化生产等优异水稻种质资源的展示与交流。

（二）开展苗头品种测试观摩

由天津天隆种业科技有限公司、佳木斯龙粳种业有限公司、袁隆平农业高科技股份有限公司、中国种子集团有限公司、北京金色农华种业科技有限公司、江苏中江种业股份有限公司、广西恒茂农业科技有限公司等种子企业牵头，8～10月份，分别在东北、长江中下游、西南、华南等主产区，组织召开不同层次、不同规模的苗头品种现场观摩会。

（三）举办企业育种家培训班

由中国水稻研究所牵头，举办1次企业育种家培训班，培训内容包括水稻育种的遗传学基础、种质改良与创新、常规育种与生物育种技术、组合配制与筛选等方面，全面提高企业育种家理论水平和专业技能。

（四）召开全国水稻育种年会

9月份，在全国水稻产业技术体系年中交流会期间，增设水稻商业化育种专题，开展商业化育种模式、技术等培训，加快推动建立水稻现代商业化育种体系。

（五）开展全基因组辅助选择育种服务

利用中国水稻研究所、中国种子集团有限公司等机构已建成的先进全基因组育种平台，为攻关联合体提供优价高质的服务，对1 000份水稻种质资源进行基因型精准鉴定，分子标记检测1 000万数据点以上，基因芯片检测样本1 000个以上，进一步提升我国水稻育种的水平和效率。

小麦良种重大科研联合攻关试点实施方案

为贯彻落实《中共中央、国务院关于落实发展新理念　加快农业现代化实现全面小康目标的若干意见》（中发〔2016〕1号）精神，农业部组织国家小麦良种重大科研联合攻关试点，特制定小麦良种重大科研联合攻关试点实施方案。

一、总体思路

以我国小麦生产和市场需求为导向，由优势科研教学单位和育繁推一体化种子企业组建小麦良种科研攻关联合体，构建小麦新种质创制与发掘、新品种选育、新品系鉴定、新品种测试、分子辅助测试等协同创新工作平台，形成符合我国小麦种业发展需求、技术先进可靠、成效客观评价、利益合理分享、社会多方投入、政产学研用相结合的小麦良种联合攻关新机制。持续创制满足小麦育种需求的优异种质，选育综合性状优良、适应性广、具有重大推广应用价值的新品种。切实提升我国小麦种业自主创新能力，满足国民经济发展对小麦的需求，确保我国口粮安全供给。

二、攻关目标

到“十三五”末，小麦良种科研联合攻关试点达到如下目标：

（一）创制和发掘小麦优异新种质60份左右

创制抗赤霉病、纹枯病、白粉病和三种锈病的新种质20份左右，抗耐低温冻害、干热风、穗发芽和抗旱节水的新种质20份左右，成熟脱水快、产量性状突出、品质优异的新种质20份左右。

（二）培育并应用小麦优良新品种60个左右

新品种均适应全程机械化和轻简化栽培，比生产对照品种增产5%以上。

北部和黄淮北片新品种25个左右，抗旱节水、抗白粉病和叶锈病、耐干热风，加工品质达优质中筋或强筋标准。

黄淮南片新品种20个左右，抗条锈病和白粉病、对纹枯病、赤霉病和穗发芽有一定抵抗能力，加工品质达优质中筋或强筋标准。

长江中下游新品种10个左右，抗赤霉病、纹枯病和穗发芽，耐湿，加工品质达优质中筋或弱筋标准。

西南地区新品种5个左右，高抗条锈病和白粉病、耐湿、抗穗发芽，加工品质达优质中筋标准。

(三) 推广高产稳产优质新品种1.2亿亩以上

在黄淮海、长江中下游、西南小麦优势产区推广新品种，累计推广面积超过1.2亿亩；其中30个品种的年推广面积超过100万亩、2个超过1 000万亩；增产优质小麦60亿斤左右，节本增效100亿元以上；带动我国小麦育种水平不断提升，推进我国小麦种业发展。

三、主要任务

(一) 加强优异种质的创制与发掘

根据各生态区小麦品种选育工作的需要，创制一批高产（株型结构好、光合性能好、灌浆速率快）、抗倒伏（茎秆坚韧、根系发达）、抗病（赤霉病、纹枯病、叶枯病、根腐病、白粉病和三种锈病）、抗逆（抗旱、耐寒、耐湿、抗干热风、抗穗发芽）、加工品质好（优质强筋、中筋和弱筋）、原粮品质好（籽粒容重大、不完善粒少）、适宜全程机械化（成熟整齐、脱水迅速）、资源利用效率高（节水高产、耐低磷及低氮效率高）、配合力强（优良不育系、保持系、恢复系）的小麦优异新种质。

加强国内外优异小麦种质资源的收集保护和鉴定评价，发掘具有上述重要育种价值的种质材料。

每年创制新的种质材料1 000份左右，并对其中表现突出的200份材料进行重要性状的精准表型鉴定和基因型分析，与植物新品种保护程序相衔接，并提供给联合体成员育种利用。

(二) 加强新品种选育工作

现代生物技术与常规育种技术相结合，按照各生态区需求，充分利用联合体创新和发掘的优异种质，开展优异小麦新品种的协同选育工作，每年育成新品系（杂交组合）10 000个左右，完成初级群体产量试验，获得优良新品系（杂交组合）500个左右，并升入联合体新品系适应性多点鉴定试验和重要性状专项鉴定试验，可与小麦新品种区域试验相衔接。同时开展新品种选育理论与方法的探索研究工作。

(三) 加强新品系适应性多点鉴定试验和重要性状专项鉴定试验

在各小麦主产区，对成员单位新育成的500个优良品系进行统一的适应性多点鉴定，并对其重要性状进行专项表型鉴定。从中筛选出适应性、丰产性、抗逆性好，加工品质优良，适宜机械化轻简栽培的新品种（系）100个左右，升入新品种测试，并与植物新品种保护程序衔接。

(四) 加强育成新品种测试

对育成新品种，在相应生态区统一进行田间大面积测试，根据不同生态特点和品种审定要求对品种特性进行专项鉴定，选拔一批综合性状好、符合未来小麦生产需求的苗头品种。每年在100个左右小麦主产县测试新品种100个左右，筛选出优异小麦新品种60个左右，并与小麦新品种审定程序衔接。

（五）加强育种人才培养与信息交流

积极利用多种渠道，从美国、法国、澳大利亚等国引进人才和技术，促进我国小麦育种水平不断提高。采取定人、定向、定点培训的方式，为参加联合攻关种子企业培养育种骨干人才，帮助企业提高科研创新能力。

科学、全面、准确、及时总结新种质、新品系、新品种的各类测试鉴定结果，建立优异种质、新品系和新品种的DNA指纹图谱；收集国内外小麦育种研究进展等信息，建设国家级小麦育种信息平台，实现大数据共享；通过定期召开全国小麦育种家年会，加强育种理论、技术、信息和育种材料的交流。

四、工作措施

（一）建立高效工作平台

1. 优异种质创新与筛选平台。在河南、山东、河北、安徽、江苏、湖北、陕西、四川、北京等地创新高产、抗倒伏、抗病、抗逆、加工品质好、原粮品质好、适宜全程机械化、资源利用效率高、配合力强的小麦优异新种质。加强国内外优异小麦种质资源的收集保护和鉴定评价，发掘具有重要育种价值的优异种质资源。对获得的优异种质通过多类重要性状的表型鉴定和基因型分析，形成优异种质的表型和基因型数据库，为新品种选育提供亲本材料和相关信息支撑。

2. 新品种选育平台。进一步提高联合体成员单位的育种技术水平，形成现代生物技术与常规育种技术有机结合的新品种选育高效平台。在各成员单位之间开展育种中间材料的异地选择、穿梭选择，开展优异小麦新品种的协同选育工作，进行育成新品系的初级群体产量试验，为新品系鉴定提供高水平的新品系，并开展育种理论与方法的探索研究工作。

3. 新品系鉴定平台。在北部冬麦区、黄淮麦区北片、黄淮麦区南片、长江中下游麦区和西南麦区等生态麦区，建立5个相应的新品系鉴定平台。每个新品系鉴定平台具有可代表本生态区域的群体产量试验网点6个以上，对区域内联合攻关单位育成的新品系进行群体产量鉴定与适应性评价，并结合主要性状专项鉴定（由重要性状表型专项鉴定和分子辅助鉴定平台承担）结果，筛选出综合性状优良、比生产对照品种增产5%以上、抗当地主要病害、抗耐当地主要逆境、加工品质达标、适合机械化轻简化的优异新品系。

4. 新品种测试平台。在北部冬麦区、黄淮麦区北片、黄淮麦区南片、长江中下游、西南等生态麦区，根据特定生态条件（如不同生态区域、生产水平、消费习惯等）各选择20个以上的主产县，对经适应性多点鉴定试验和重要性状专项鉴定试验获得的优异新品种（系）进行大面积生产条件下的品种测试，并结合主要性状专项鉴定（由重要性状表型专项鉴定和分子辅助鉴定平台承担）结果，最终获得符合生产需求的新品种。主要测试内容包括：生态适应性、机械化适应性、产量及稳产性、病虫害抗性、非生物逆境抗耐性、肥料利用效率、水分利用效率、原粮与营养品质、食品加工性能等。

5. 重要性状表型专项鉴定和分子辅助鉴定平台。依托具备相应鉴定能力的联合体成员单位建立重要性状专项鉴定平台，鉴定性状包括赤霉病抗性、叶枯病抗性、根腐病抗性、三种锈病抗性、纹枯病和白粉病抗性、抗旱节水性能、干热风抗性、耐湿性、穗发芽抗性、耐寒性、氮磷利用效率、原粮和加工品质等。

依托具备相应测试能力的联合体成员单位建立优异种质、新品系和新品种的分子指纹辅助鉴定平台。

依托中玉金标记公司和具备相应检测能力的联合体成员单位建立重要性状的分子标记检测和基因型分析的分子辅助鉴定平台，为新种质创新、新品种选育和新品系鉴定提供高通量检测，不断完善小麦育种技术体系，提高育种效率。

（二）创新联合攻关工作机制

1. 产业牵引与实际需求。从小麦生产发展的实际需求出发，研判各类品种的适应范围、品种数量和推广规模，考虑育成品种所需的亲本、种质和技术条件，组织各类科技资源，确定攻关突破方向，预期投入产出结果，提高整体工作效率。

2. 工作考核与成果评价。对各种来源的核心种质、中间材料、育种亲本、相关技术以及新育成品种进行确权、登记、价值评估，确定预期成果的所有权归属与收益权分配比例。召开全国小麦育种家年会，广泛征求有关意见和建议，形成《小麦育种材料共享与收益分配规范》，在行业内明晰育种材料产权归属，强化知识产权保护，保障联合攻关单位和科技人员的利益，促进成果的快速利用和有效转化。

3. 资源共享与收益分配。优异种质创新与筛选、新品种选育、新品系鉴定、新品种测试和重要性状表型专项鉴定与分子辅助鉴定平台在接受联合体单位提供测试的品种材料时，全部留样封存。每年测试完成后，由专家委员会决定，对其中有较大利用价值的品种材料测定指纹、认证身份。对核心亲本、育成品种、分离世代群体材料、稳定中间材料等不同材料类型，以及人才、技术、平台、种质材料等资源要素，根据评估、确权结果或者双方协议确定成果收益分配比例。

4. 政府与社会资金多方投入。在现有科研项目、相关财政专项和企业自筹资金基础上，启动小麦良种重大科研联合攻关；支持联合体成员单位联合或单独申报国家项目，获得资金支持；畅通联合体种子企业与科研教学单位的合作渠道，完善合作机制；鼓励和支持社会各类资金加大对小麦种业投入力度。

五、组织保障

（一）成立小麦良种攻关专家委员会

成立以河南省农业科学院许为钢研究员为首席专家，程顺和院士、赵振东院士为顾问的小麦良种重大科研联合攻关专家委员会，成员包括中国农业科学院作物科学研究所肖世和研究员

（兼任秘书长）、石家庄大地种业有限公司郭进考董事长、西北农林科技大学吉万全教授、安徽农业大学马传喜教授、山东农业大学李斯深教授、四川省农业科学院杨武云研究员、北京杂交小麦工程技术研究中心赵昌平研究员、江苏大华种业集团有限公司江玉明总经理、江苏里下河地区农业科学研究所高德荣研究员。

专家委员会负责攻关方案制定和技术指导与服务。专家委员会秘书长单位为中国农业科学院作物科学研究所，负责联合攻关日常工作，做好联合攻关规范运行、有序实施的各项服务工作。

（二）组建小麦良种攻关联合体

组建统分结合、紧密协作的小麦良种科研攻关联合体，成员单位包括有实力的小麦育繁推一体化种子企业和优势科研教学单位。

种子企业10家：中国种子集团有限公司、石家庄大地种业有限公司、江苏大华种业集团有限公司、江苏金土地种业有限公司、山东鑫秋农业科技股份有限公司、山东鲁研农业良种有限公司、河南天存种业科技有限公司、河南黄泛区地神种业有限公司、安徽皖垦种业股份有限公司、四川国豪种业股份有限公司。

科研教学单位15家：中国农业科学院作物科学研究所、北京杂交小麦工程技术研究中心、河北省农林科学院、江苏里下河地区农业科学研究所、安徽省农业科学院、安徽农业大学、山东省农业科学院、山东农业大学、河南省农业科学院、河南农业大学、河南科技学院、湖北省农业科学院、四川省农业科学院作物所、四川农业大学、西北农林科技大学。

（三）成员单位任务分工

优异种质创新与发掘、新品种选育工作由全体成员单位承担；新品系鉴定主要由种子企业承担；新品种测试由种子企业和科研教学单位共同承担；分子标记检测、基因型分析由种子企业和科研教学单位共同承担，部分任务委托外包；育种人才引进与培养等主要由科研教学单位承担；小麦育种信息数据库由中国农业科学院作物科学研究所负责建设，联合体成员共享。

重要性状表型专项测试内容分工如下：赤霉病抗性由江苏里下河地区农业科学研究所负责；叶枯病、根腐病以及三种锈病新小种抗性由西北农林科技大学、四川省农业科学院、四川农业大学、河南农业大学负责；纹枯病和白粉病新小种抗性由湖北省农业科学院负责；抗旱节水性能由河北省农林科学院负责；耐湿性由安徽省农业科学院负责；穗发芽抗性由安徽农业大学负责；耐寒性、原粮和加工品质由中国农业科学院作物科学研究所负责；氮磷利用效率由河南省农业科学院、山东农业大学负责；倒伏抗性由河南科技学院负责；干热风抗性由山东省农业科学院负责。

品种指纹和杂交小麦测试由北京杂交小麦工程技术研究中心负责。

六、2016年主要活动计划

秘书长单位协调专家委员会成员与攻关联合体成员单位，研究制定具体工作方案，落实各成员单位的工作任务、工作进度、考核指标等。2016年度主要活动计划如下：

（一）优异亲本鉴定与观摩交流

由中国农业科学院作物科学研究所牵头，在河南、河北、山东等地开展小麦育种亲本规模化表型鉴定。5月份在河南新乡召开现场展示交流会，报告优异种质和亲本创新平台、育成新品种测试平台的建设进展。

（二）新育成品种测试现场观摩会

5月，在黄淮海、长江中下游小麦优势产区，组织召开在37个主产县秋播的42个苗头品种大区现场观摩会，同时提出申请进入新品种保护程序的品种名单，7月上报。

（三）分生态区新品系鉴定和新品种测试

2016年6月分别规划，9月初经专家委员会审核后，分生态片区启动各类平台建设，对区域内联合体成员单位选育的新品种（系）进行鉴定与测试。

新品系测试工作分工如下：北部冬麦区由中国种子集团有限公司负责；黄淮南片中西部由河南天存种业科技有限公司牵头、河南地神种业有限公司和中国种子集团有限公司参加；黄淮北片由山东鲁研农业良种有限公司牵头、山东鑫秋农业科技股份有限公司参加；黄淮海抗旱和节水由石家庄大地种业有限公司负责；黄淮南片中东部由安徽皖垦种业股份有限公司负责、江苏大华种业集团有限公司参加；长江中下游由江苏金土地种业有限公司负责、江苏大华种业集团有限公司和安徽皖垦种业股份有限公司参加；西南地区由四川国豪种业股份有限公司负责。

新品种测试工作由联合体成员单位的10家种子企业和100个生产示范县按照北部冬麦区、黄淮麦区北片、黄淮麦区南片、长江中下游和西南生态麦区布置测试网点，每个生态麦区测试点数量不低于20个。

（四）组织小麦育种技术、材料交流活动

上半年由中国农业科学院作物科学研究所牵头，讨论联合攻关实施细则，签署合作协议，组织相关项目申报。专家委员会分区域召开育种协作网会议，以攻关联合体成员为骨干，推动区域内协作与交流。9月上旬组织召开全国小麦育种家年会，开展育种理论与技术研讨，商讨利益分配细则，交换育种材料，推动联合攻关各项工作落实。

2016年玉米良种重大科研联合攻关试点实施方案

贯彻落实《中共中央、国务院关于落实发展新理念 加快农业现代化实现全面小康目标的若干意见》(中发〔2016〕1号)精神，按照《农业部办公厅关于印发〈国家玉米良种和大豆良种重大科研联合攻关方案〉》(农办种〔2014〕32号）要求，制定2016年玉米良种重大科研联合攻关试点实施方案。

一、主要任务与分工

（一）优异育种材料发掘与创新

在2015年工作的基础上，进一步优化玉米种质资源重要性状规模化鉴评技术方法和标准，在北京、吉林、黑龙江、河南、新疆等地开展玉米种质资源产量（配合力)、抗病、水分与养分高效利用及适合机械化等性状规模化表型鉴定、基因型鉴定，筛选优异资源，鉴定玉米种质资源2 000份次以上。同时，通过杂交、回交、复合杂交、轮回选择等方法构建“前育种群体”，创新优异种质。

依托中国农业大学、北京市农林科学院玉米研究中心建立新自交系培育的技术组，结合高效双单倍体技术及高通量分子标记鉴定等技术，建立基于模块设计、分工合作的程序化、规模化优良骨干育种材料、自交系培育流程，选育新型高配合力优良玉米自交系。采取南通大熊种业建立的基于商业种分离新型骨干种质方法创制新型自交系。

新创制的骨干育种材料、自交系，与不同生态区代表性骨干测验种测交及鉴定，研究其特征特性，进行育种利用价值评估。借助中玉金标记（北京）生物技术有限公司高通量分子检测服务平台，提高企业分子育种能力。

（二）新组合筛选

由黑龙江垦丰、吉林吉农高新、辽宁东亚、河北巡天、北京屯玉、河南金博士等种子企业继续在东北、华北、黄淮海等玉米主产区，对攻关联合体成员单位、特别是公益性科研教学单位新配制的杂交组合进行联合鉴定与评价，畅通科研单位与种子企业在新选育玉米品种方面合作的快速通道，实现早介入、早合作。按照比当前主栽品种增产3%以上、抗主要病害、抗倒伏、耐密植，收获时籽粒含水量夏玉米不超过28%、春玉米不超过25%等指标，筛选一批综合性状较优异的新组合。

（三）苗头品种试验

在东北春玉米中熟区、黄淮海夏玉米区继续开展机收籽粒玉米品种比较试验、区域试验和生产试验，鉴定品种的机收籽粒特性，以及丰产性、稳产性、抗性、适应性等，确定品种的生产利用价值和适宜种植区域。适时组织联合体成员单位开展机收籽粒玉米品种现场考察观摩活动。

（四）育种人才与信息交流

由中国农科院作物科学研究所、中国农业大学、农业部科技发展中心、全国农技中心等分别举办玉米种质资源和品种评价、单倍体与分子标记育种、DUS测试和品种权保护、新品种展示等方面的技术培训与现场考察活动，提升企业自主创新和知识产权保护能力。在全国玉米遗传育种年会期间，开展玉米良种重大科研联合攻关专题研讨，谋划中国玉米育种的未来发展战略。

二、玉米良种攻关联合体成员单位

本着自愿参加、开放管理的原则，2016年玉米攻关联合体成员单位增加至44家。其中，增补玉米种子企业6家，优势科研教学单位4家。具体如下。

（一）种子企业

中农发种业集团股份有限公司、吉林亨达种业有限公司、河南丰德康种业有限公司、河南大众种业有限公司、甘肃敦煌种业股份有限公司、新疆新实良种股份有限公司。

（二）科研教学单位

辽宁省农业科学院、东北农业大学、河南省鹤壁市农业科学院、河南省新乡市农业科学院。

三、有关要求

（一）及时制定具体工作方案

秘书长单位协调专家委员会成员与攻关联合体成员单位，根据联合攻关方案总体安排及任务分工，及时研究制定具体工作方案，明确各成员单位的工作任务、工作进度、考核指标等。

（二）强化整体推进

攻关联合体成员单位要在攻关专家委员会指导下，按照方案要求，保质保量完成各项工作。中国农科院作科所要做好组织实施的相关具体工作；全国农技中心要加强机收籽粒玉米品种试验的组织管理与技术指导；农业部科技发展中心要加强攻关联合体成员单位新品种保护的受理、审查、测试等相关工作。

（三）加强工作监管与年度总结

各成员单位要及时、全面进行年终工作总结，报送书面总结报告。秘书长单位要配合攻关专家委员会，加强对各成员单位工作的监督、考核与验收管理，适时公布考核评价结果，做好攻关全面总结工作，提出进一步完善攻关试点工作的意见和建议。

2016年大豆良种重大科研联合攻关试点实施方案

贯彻落实《中共中央、国务院关于落实发展新理念 加快农业现代化实现全面小康目标的若干意见》(中发〔2016〕1号)精神，按照《农业部办公厅关于印发〈国家玉米良种和大豆良种重大科研联合攻关方案〉》(农办种〔2014〕32号)要求，制定2016年大豆良种重大科研联合攻关试点实施方案。

一、主要任务与分工

(一)食用大豆苗头品种(系)测试

分别在东北和黄淮海大豆主产区大田生产条件下，对300个具有较好区域适应性、丰产性、抗逆性、优质、适宜机械化作业的苗头品种(系)，统一进行田间测试，进一步鉴定其丰产性、抗逆性、品质以及耐密、抗倒、不炸荚等机械化作业等特性。

东北地区设立3个测试点，分别由垦丰种业研发中心主任刘辉研究员、黑龙江省农业科学院黑河分院鹿文成研究员、黑龙江圣丰种业有限公司王国栋总经理负责。黄淮海地区设立2个测试点，分别由安徽省农业科学院作物研究所张磊研究员、山东圣丰种业有限公司韩宗礼高级农艺师负责。北方春大豆苗头品种超高产典型创建由新疆农垦科学院战勇研究员负责。

9～10月，由黑龙江垦丰、山东圣丰等种子企业牵头，在东北和黄淮海主产区，组织召开以苗头品种机收测产为重点的现场观摩会。

(二)大豆品种麦茬免耕试验和高密度鉴定试验

在黄淮南片开展大豆品种麦茬免耕试验和高密度鉴定试验，筛选适合黄淮流域夏大豆区种植的高产、优质、多抗、耐密植大豆新品种，满足种植制度调整及全程机械化作业等生产方式转变的需要。

试验由中国农业科学院作物科学研究所孙石研究员负责组织实施。

8～9月，在黄淮南片召开麦茬免耕和高密度试验考察活动，组织攻关联合体成员单位现场考察在麦茬免耕、高密度种植条件下大豆品种的表现。

(三)大豆新品种多点鉴定和适应性评价

分别在东北春大豆极早熟区、东北春大豆早熟区和中早熟区、黄淮海夏大豆区、长江流域和华南大豆产区开展新品种多点鉴定试验，参照国家大豆品种区域试验标准，对联合体成员单位选育的新品种(系)进行多点性状鉴定，筛选具有较好区域适应性、丰产性和抗逆性，适宜直接食用和豆制品加工，满足机械化作业要求，综合性状优良的新品系。

承担单位	主持人	试验组别
黑龙江省农业科学院黑河分院	鹿文成	东北春大豆极早熟组
黑龙江省农业科学院大豆研究所	刘丽君	东北春大豆早熟组 东北春大豆中早熟组
安徽省农业科学院作物研究所 中国农业科学院作物科学研究所	张　磊 吴存祥	黄淮海夏大豆组
中国农业科学院油料作物研究所	周新安	长江流域多作大豆组
华南农业大学	年　海	华南热带亚热带组
中国农业科学院作物科学研究所	孙　石	年度结果的汇总与上报

（四）基因型和表现型鉴定平台完善和性状鉴定

进一步完善大豆基因型和表现型鉴定平台，并对攻关协作组联合体成员单位新选育品种、品系进行测试。

承担单位	主持人	工作内容
南京农业大学	赵晋铭	品种基因型分析平台建设 育种材料指纹图谱构建
中国农业科学院作物科学研究所	刘章雄	种质资源分子身份证构建
中国农业科学院作物科学研究所	孙君明	品质分析平台建设 育种材料生化品质性状鉴定
中国农业科学院作物科学研究所	武婷婷	光温反应鉴定平台建设 育种材料相关性状（含生育期组）鉴定
沈阳农业大学	段玉玺	大豆胞囊线虫病抗性鉴定平台建设 育种材料抗性鉴定
南京农业大学	智海剑	大豆花叶病毒病抗性鉴定平台建设 育种材料抗性鉴定
南京农业大学	王源超	疫霉根腐病抗性鉴定平台建设 育种材料抗性鉴定
中国农业科学院作物科学研究所	张　辉 姜奇彦	耐盐性鉴定平台建设 育种材料耐盐性鉴定
吉林农业大学	于寒松	加工特性鉴定平台建设 育种材料加工品质性状鉴定
东北农业大学	陈海涛	育种机械研制和选型
黑龙江省农业科学院黑河分院	鹿文成	东北超早熟材料 生育期组鉴定
黑龙江省农业科学院绥化分院	陈维元	东北早熟材料生育期组鉴定
黑龙江省农业科学院佳木斯分院	郭　泰 丁俊杰	东北大豆灰斑病抗性鉴定平台建设 东北育种材料抗性鉴定
黑龙江省农业科学院大庆分院	田中艳	东北材料大豆胞囊线虫病田间抗性鉴定
内蒙古呼伦贝尔市农科所	孙宾成	东北材料耐逆性田间鉴定
吉林省农业科学院大豆研究所	王曙明	种子生产加工和质量检测技术平台建设 东北中晚熟材料生育期组鉴定、东北材料田间花叶病毒病抗性鉴定

（续）

承担单位	主持人	工作内容
新疆农垦科学院作物研究所	战　勇	东北材料抗旱性鉴定、产量潜力测试
山西省农业科学院经济作物研究所	刘学义	抗旱性鉴定平台建设、黄淮海材料抗旱性鉴定和花叶病毒病田间鉴定
山东省农业科学院作物研究所	徐　冉	黄淮海材料抗虫性鉴定
河南省农业科学院经济作物研究所	卢为国	黄淮海材料田间胞囊线虫抗性鉴定
南京农业大学	邢　邯	菜用大豆品质鉴定平台建设 育种材料鲜食加工性状鉴定
四川农业大学	杨文钰	大豆耐荫性鉴定平台建设 育种材料耐荫性鉴定
中国农业科学院油料作物研究所	周新安	南方材料生育期组鉴定 大豆锈病和炭疽病抗性鉴定
华南农业大学	年　海	耐酸铝鉴定

（五）优异亲本挖掘

通过对重要性状的标准化精准鉴定和基因型分析，挖掘控制产量、品质、抗病虫、抗逆、养分高效等性状的基因、有利等位变异及载体材料，筛选综合性状优良或重点性状突出的优异亲本，深度评价大豆种质资源500份。7 ～ 9月，分区域召开现场展示交流会和区域性考察活动，组织攻关联合体成员单位开展大豆育种亲本规模化表型鉴定现场观摩，遴选优异材料。8月，由中国农业科学院作物科学研究所牵头，在召开全国大豆育种家年会期间，开展大豆育种理论和技术研讨，交换大豆育种材料。

承担单位	主持人	工作内容
黑龙江省农业科学院黑河分院	鹿文成	东北超早熟亲本挖掘
内蒙古呼伦贝尔市农科所	孙宾成	内蒙古东部地区早熟亲本挖掘
黑龙江省农业科学院大豆研究所	刘丽君	东北早熟亲本挖掘
东北农业大学	张淑珍	东北抗病亲本挖掘
黑龙江省农业科学院佳木斯分院	郭　泰	东北抗病、高产亲本挖掘
黑龙江省农业科学院绥化分院	陈维元	东北优质亲本挖掘
吉林省农业科学院大豆研究所	王曙明	东北中晚熟亲本挖掘
中国农业科学院作物科学研究所	刘章雄	国外引进亲本挖掘
中国农业科学院作物科学研究所	孙君明	黄淮海特异生化品质亲本挖掘
中国农业科学院作物科学研究所 河北省农林科学院粮油所 河南省农业科学院经济作物研究所	韩粉霞 张孟臣 卢为国	黄淮海优质亲本挖掘
山东省农业科学院作物研究所	徐　冉	黄淮海抗病虫亲本挖掘
安徽省农业科学院作物研究所	张　磊	黄淮海高蛋白亲本挖掘
山西省农业科学院经济作物研究所	刘学义	黄淮海抗旱、抗胞囊线虫亲本挖掘
南京农业大学	赵团结	南方种质资源评价和优异亲本挖掘

（续）

承担单位	主持人	工作内容
中国农业科学院油料作物研究所	周新安	长江流域优异亲本挖掘
华南农业大学	年 海	华南地区优异亲本挖掘

（六）育种材料创制和品种选育

配制常规亲本间杂交组合10 000个左右，杂交大豆组合500个左右，培育一批产量比当前主栽品种提高5%以上，蛋白质含量43%（东北地区）或45%（黄淮海和南方）以上、脂肪含量21.5%以上，抗大豆花叶病毒病、灰斑病、疫霉根腐病等区域性病害的新品种、育种新材料。

承担单位	主持人	工作内容	育种目标区域
黑龙江省农业科学院黑河分院	鹿文成	东北超早熟材料创制与品种选育	东北北部高寒区
内蒙古呼伦贝尔市农科所	孙宾成	内蒙古东部地区优异材料创制与品种选育	内蒙古东部
黑龙江省农业科学院大豆研究所	刘丽君	东北早熟材料创制与品种选育	东北中北部区
黑龙江省农业科学院佳木斯分院	郭 泰	抗灰斑病材料创制与品种选育	东北中北部
东北农业大学	张淑珍	抗病材料创制与品种选育	东北中北部
吉林省农业科学院大豆研究所	王曙明	东北早熟轮回选择群体构建与品种选育	东北中南部
安徽省农业科学院作物研究所	张 磊	黄淮海杂交大豆材料创制与品种选育	黄淮海夏大豆区
中国农业科学院作物科学研究所	韩粉霞	优质材料创制与品种选育	黄淮海夏大豆区
中国农业科学院作物科学研究所	孙 石	广适性材料创制与品种选育	黄淮海夏大豆区
中国农业科学院作物科学研究所	孙君明	特异生化品质材料创制	黄淮海夏大豆区
中国农业科学院作物科学研究所	刘章雄	抗胞囊线虫病、抗花叶病毒、耐盐等材料创制	黄淮海夏大豆区
河北省农林科学院粮油所	张孟臣	轮回选择群体构建与品种选育	黄淮海夏大豆区
河南省农业科学院经济作物研究所	卢为国	黄淮海优质材料创制与品种选育	黄淮海夏大豆区
山东省农业科学院作物研究所	徐 冉	抗虫材料创制与品种选育	黄淮海夏大豆区
山西省农业科学院经济作物研究所	刘学义	抗旱、抗胞囊线虫材料创制与品种选育	黄土高原
中国农业科学院油料作物研究所	周新安	南方育种材料、抗锈材料创制与品种选育	长江流域
华南农业大学	年 海	热带亚热带育种材料、耐酸铝材料创制与品种选育	华南地区

二、有关要求

（一）及时制定具体工作方案

秘书长单位协调专家委员会成员与攻关联合体成员单位，根据联合攻关实施方案总体安排及任务分工，及时研究制定具体工作方案，明确各成员单位的工作任务、工作进度、考核指标等。

（二）强化整体推进

在攻关专家委员会指导下，攻关联合体成员单位按照方案要求，保质保量完成各项工作。中国农业科学院作物科学研究所要做好组织实施相关具体工作；全国农业技术推广服务中心要加强攻关苗头品种试验与国家级品种试验的衔接；农业部科技发展中心要加强攻关联合体成员单位新品种保护的受理、审查、测试等相关工作。

（三）加强工作监管与年度总结

各成员单位要及时、全面进行年终工作总结，报送书面总结报告。秘书长单位要配合攻关专家委员会，加强对各成员单位工作的监督、考核与验收管理，适时公布考核评价结果，做好攻关全面总结工作，提出进一步完善攻关试点工作的意见和建议。

农业部 科技部 财政部 教育部 人力资源和社会保障部关于扩大种业人才发展和科研成果权益改革试点的指导意见

各省、自治区、直辖市农业（农牧、农村经济）厅（委、局）、科技厅（委、局）、财政厅（局）、教育厅（委、局）、人力资源和社会保障厅（局），新疆生产建设兵团农业局、科技局、财务局、教育局、人力资源和社会保障局，有关单位：

为深入贯彻习近平总书记在全国科技创新大会、两院院士大会、中国科协第九次全国代表大会上的重要讲话精神，全面落实《中共中央、国务院关于落实发展新理念 加快农业现代化实现全面小康目标的若干意见》和《中共中央印发〈关于深化人才发展体制机制改革的意见〉的通知》《国务院关于印发实施〈中华人民共和国促进科技成果转化法〉若干规定的通知》的部署要求，进一步深化种业体制机制改革，加快现代种业创新发展，在总结种业科研人才流动和成果权益比例改革试点基础上，经请示中共中央纪委、中共中央组织部同意，农业部会同有关部门，就扩大种业人才发展和科研成果权益改革试点相关工作提出如下意见。

一、切实提高对改革重要性和紧迫性的认识

（一）种业科研人才和成果权益改革试点成果明显

针对种业科研创新能力不强、成果转化效率低、产学研用结合不紧密等问题，按照国务院部署，2014年以来农业部会同科技部、财政部在中国农业科学院、中国农业大学部分所（中心）开展种业科研成果权益比例改革试点；会同人力资源和社会保障部明确了科研人员到种子企业开展技术服务的政策要求。通过试点，在激发科研人员创新活力、加速成果转化、促进人才流动、强化制度管控等方面进行了富有成效的探索，在促进种业发展方面取得明显成效。

（二）扩大试点是贯彻中央人才强国战略和创新驱动发展战略的具体举措

当前世界种业正孕育新一轮的科技革命，抓住发展机遇，建设现代种业，关键是人才，重点在改革。要按照中央人才强国战略和创新驱动发展战略要求，进一步扩大种业人才发展和科研成果权益改革试点，激发创新活力，释放创新潜能，提升自主创新能力。要充分认识扩大改革试点重大意义，准确把握改革要求，增强责任感和紧迫感，坚定不移地将改革推向深入，为种业强国和农业现代化建设提供重要保障。

二、明确改革总体思路、基本原则和目标

（三）总体思路

全面贯彻落实党的十八大及十八届三中、四中、五中全会和习近平总书记系列重要讲话精神，按照党中央国务院一系列改革部署，以创新种业人才发展机制和深化科研成果权益改革为突破口，建立健全种业人才培养、评价、流动和分类管理机制，促进科研成果转移转化、权益分享，着力激发科研人员创新热情，解决制约科技创新、成果转化、人才发展等方面的突出问题。通过改革创新，形成充满活力的科技管理和人才发展机制，走出一条具有中国特色创新驱动发展的种业强国之路。

（四）基本原则

激励创新，激发科研人员创新积极性，统筹推进种业基础理论创新、技术创新、品种创新、管理创新，激活科技人才和科研成果两大资源，实现种业创新能力提升与可持续发展。**分类管理**，根据科研类型、职务职权等情况，对科研人员持股、兼职、评价进行分类管理，既调动科研人员创新转化积极性，又切实做到管理规范有序。**统筹协调**，处理好国家、科研单位和科研人员三者关系，确保国家基础科研能力不能改弱、科研单位实力不能改小、科研人员收入不能改少，形成改革合力，实现改革最大公约数。**依法依纪**，严格遵守人才管理、成果转化等相关法律法规和政策要求，以及党员领导干部廉洁从政有关规定，严禁以权谋私，严防职务腐败。

（五）改革目标

建立种业人才培养、评价、流动和科研成果权益改革的新机制，培养引进一批具有国际领先水平的种业科技人才，取得一批具有基础性、战略性和重大应用前景的突破性种业科研成果，成果转化收入明显增长，形成一批典型示范；到2020年，构建起以科研院校为主体的基础性公益性研究和以企业为主体的技术创新相对分工、相互融合、“双轮驱动”的现代种业科技创新体系，为建设种业强国提供坚实支撑。

三、落实改革重点任务

（六）确定改革单位范围

种业改革单位包括种业科研领域的中央级和各省（自治区、直辖市）、属科研院所和高等院校。中国农业科学院、中国农业大学、中国热带农业科学院要整体推进种业人才发展和科研成果权益改革，发挥引领示范作用。北京、黑龙江、江苏、山东、河南、湖北、湖南、广东、四川、陕西等省（市）作为改革重点省份，要发挥科研和产业优势，深入推进，率先突破；其他省（自治区、直辖市）要结合实际，选择部分科研教学单位开展试点，根据进展情况，逐步扩大范围。

（七）实行科研人员分类管理

各省（自治区、直辖市）、各改革单位要按照有关规定要求，报上级主管部门备案后，出台科

研人员分类管理办法，规范科研人员兼职取酬、成果作价持股等事项，明确审核审批和公开公示等要求。

科研院所、高等院校正职和领导班子成员中属中央管理的干部，所属单位中担任法人代表的正职领导，作为科技成果主要完成人，可以按照科技成果转化法的规定获得现金奖励，原则上不得获取股权激励。其他担任领导职务的科研人员和没有领导职务的科研人员，作为科技成果主要完成人，可依法获得现金奖励或股权激励。获得股权激励的领导人员不得利用职权为所持股权的企业谋取利益。

科研院所和高等院校正职领导不得到企业兼职；领导班子其他成员根据工作需要，经批准可在本单位出资的企业或参与合作举办的民办非企业单位兼职，但不得在兼职单位领取薪酬；科研院所、高等院校所属的院系所及内设机构领导人员，经批准可在企业或民办非企业单位兼职，个人按照有关规定在兼职单位获得的报酬，应当全额上缴本单位，由单位根据实际情况给予适当奖励；没有领导职务的科研人员可以兼职和兼薪。

（八）鼓励科研人员到种子企业开展科技创新

鼓励科研院所、高等院校的种业科研人员在履行岗位职责、完成本职工作的前提下，经单位同意到种子企业兼职从事科研育种工作，或者离岗创业，从事科研创新和转化工作，在原则上不超过3年时间内保留人事关系。科研人员兼职期间，应与所在单位其他在岗人员同等享有参加职称评聘、荐奖评优、岗位等级晋升和社会保险等方面权利。

（九）完善种业科研人员评价考核和培养引进机制

健全种业科研人员分类评价考核制度，坚持以科技创新质量、贡献、绩效为导向，基础研究人员以同行学术评价为主，应用研究人员突出创新转化和市场评价，将企业兼职成效作为评价指标，不将论文等作为限制性条件。鼓励科研院所和高等院校设立一定比例流动岗位，吸引具有创新实践经验的企业家、科技人才兼职，建立产学研用结合的协同育人模式。鼓励高等院校和科研院所与有实力的企业合作，联合培养企业需要的高端育种人才。鼓励科研单位和种子企业积极引进海内外高层次人才，对急需紧缺的特殊人才，采取特殊政策，实现精准引进。

（十）明确种业科研成果权益

种业科研成果覆盖育种创新全过程，包括植物新品种权、专利、著作权、技术秘密等。改革单位要根据相关法律法规和政策，制定或完善相关规定，明确科研成果完成单位、科研团队及完成人相应权益；要全面梳理已有科研成果，依据规定明确权益到人。要严格界定成果完成人范围，成果完成人必须对成果实质性特点做出创造性贡献。

（十一）推进成果转移转化和公开交易

鼓励采用转让、许可、作价入股等方式开展转移转化。应当通过协议定价、在技术交易市场挂牌交易、拍卖等市场化方式确定科研成果价格；协议定价的，应在本单位公示成果名称和拟交易价格，公示期不少于15日。国家种业科研成果公开交易平台要完善成果展示、价值评估、产权交易、咨询服务等功能，为成果持有人提供便捷、高效和优质服务。鼓励各省（区、市）建立种业科研成果转移转化服务机构，促进成果转化。

（十二）规范科研成果权益分配

成果转移转化所获得的收入全部留归本单位，纳入单位预算，实行统一管理。给予成果完成人和转化人员奖励和报酬的支出，计入当年本单位工资总额，但不受当年本单位工资总额限制，不纳入本单位工资总额基数。成果完成单位应制定科研成果权益分配相关规定，明确权益分配方式、比例、时限等事项，细化程序要求。科研成果权益分配应当兼顾科研成果完成人、成果转化人员及科研单位等方面利益和事业发展。

（十三）强化种业基础性公益性研究

国家和省级科研院所、高等院校要加强种质资源搜集、保护、鉴定，突破性育种材料的改良和创制，育种理论方法等基础性、战略性研究以及常规作物育种等公益性研究，增强原始创新和集成创新能力。国家和各省（自治区、直辖市）要加大对科研院所和高等院校基础性、公益性研究支持力度，建立长期稳定的经费支持机制，完善基础研究人才培养机制。鼓励企业和社会力量增加基础研究投入。鼓励成果完成单位提高对成果完成人奖励和报酬的比例。

四、加强领导，确保改革措施落到实处

（十四）加强组织领导

各省（自治区、直辖市）农业、科技、财政、教育、人力资源和社会保障等相关部门要高度重视，在当地党委政府的领导下，根据各自职能合力做好改革工作，研究出台改革政策，指导推动政策落实。省级农业主管部门要充分发挥好牵头和组织协调作用。改革试点单位要成立改革领导小组，充分听取科研人员意见，制定改革工作方案，建立健全规章制度，规范成果确权、分类管理、持股兼职及审核审批等事项，强化公开公示，加强监督考核，积极稳妥推进改革。

（十五）完善配套政策

各省（自治区、直辖市）各改革单位要以推动科技创新为核心，引领体制机制改革，强化政策创设。要加快建立以产业为主导、以科技咨询为支撑的科技决策机制，落实完善科研项目资金管理等政策。发挥集中力量办大事的制度优势，加快构建政产学研用协同创新机制，开展重点作物良种科研联合攻关。支持企业与科研单位深入开展人才交流和合作研究，完善商业化育种体系。加强信贷和人才政策扶持，落实税收优惠政策，鼓励各省（自治区、直辖市）引导社会资本进入种业领域，促进资本与科技、产业相结合。加强知识产权保护和运用，严厉打击侵权假冒行为。

（十六）做好工作衔接

改革政策措施应与现有法律法规、政策制度相衔接。涉及重大改革事项时，省级农业主管部门应及时报告省委省政府。建立一季度一调度的工作机制，各省（自治区、直辖市）要在每

季度末及时总结报送改革进展情况，年底前报送全年改革工作总结。

（十七）强化机制创新和总结宣传

各省（自治区、直辖市）各改革单位要结合实际，深入调查研究，积极探索种业改革发展政策路径，及时解决改革工作中出现的问题，及时总结宣传改革中的好做法、好经验，形成可复制、可推广的好制度、好机制，促进改革工作取得明显成效。

各省（自治区、直辖市）农业主管部门要结合本地实际，制定改革总体工作方案，明确改革思路、目标、改革单位、重点政策和工作进度等，并于本文件印发后2个月内报农业部备案。

农业部　科技部　财政部　教育部　人力资源和社会保障部

2016年7月8日

中国人民银行　农业部　中国银行业监督管理委员会　中国证券监督管理委员会　中国保险监督管理委员会　国家外汇管理局关于做好现代种业发展金融服务的指导意见

银发〔2016〕154号

为贯彻落实党中央、国务院和“十三五”规划纲要关于深化种业体制改革、提高创新能力的部署要求，进一步改进和完善金融服务，加大对现代种业的金融支持，培育壮大育繁推一体化的种子龙头企业，支持发展现代种业，保障国家粮食安全和农业持续稳定发展，现提出如下意见：

一、建立对接机制，助推种业龙头企业做大做强

加强金融管理部门、农业部门和金融机构的密切合作，建立金融产品服务与种业发展政策、信息、项目、专家等有效对接机制。农业部门要结合种业企业规模、财务、经营、研发等情况，定期发布育繁推一体化种子企业和信用骨干种子企业名单。人民银行等金融管理部门要会同农业部门积极推动和搭建银企对接平台，支持农业发展银行结合自身业务范围，在市场化运作的基础上充分发挥政策性银行作用，鼓励和引导中国农业银行、中国邮政储蓄银行和农村信用社等金融机构优先满足农业部门发布名单企业的信贷需求，合理确定贷款利率和期限，优化贷款流程，助推种业龙头企业做大做强。

二、创新信贷产品，支持种业企业提高创新能力

金融机构要积极探索开展原种、基因专利、育种成果及专利技术、品种权、商标权、育种制种设备等抵质押贷款,支持种业企业开展育种研发和良种联合攻关项目。鼓励金融机构在风险可控和商业可持续的前提下，积极开展存货质押、订单质押、应收账款质押等贷款业务，创新开展“贷款+担保”“贷款+保险”“基地+公司”“公司+农户”等多种服务模式，加大对种子育繁推、精深加工、收储等产业链条的信贷支持和服务。

三、加大配合力度，全面做好种业重点领域重点地区的金融服务

鼓励金融机构积极配合国家组织开展的大型种子生产基地建设，重点支持海南省南繁育种

制种基地、四川省杂交水稻制种基地、甘肃省玉米制种基地等国家级优势种子生产基地建设。积极采取银（社）团贷款方式提供大额种子收购资金，支持育繁推一体化种子企业兼并重组。

四、发展多元化渠道，拓宽种业企业融资来源

鼓励天使投资、风险投资、创业投资基金等投资支持种子期、初创期种业企业。支持符合条件的种业企业首次公开发行股票并上市，支持已上市种业企业通过公开增发、定向增发、发行公司债等方式融资。支持种业企业通过发行短期融资券、中期票据等债务融资工具融资。鼓励发展种子生产加工设备等融资租赁服务。

五、加强政策协调，推动完善种业发展配套体制机制

推动有条件的地区规范政府性融资担保公司发展，为种业企业提供贷款担保服务。鼓励有条件的地方建立种业发展基金，扶持种业企业兼并重组和良种研发。积极推动种业发展重点地区政府出台种业贷款奖补政策。鼓励保险机构在国家级制种基地和龙头企业积极开展制种保险试点，深入研究开发保险责任宽、保障水平高、理赔程序简的制种保险专属产品。

六、完善对外投资金融服务，支持优势种业企业“走出去”

鼓励金融机构优化审贷流程，完善本外币跨境结算、跨境担保等基础金融服务。积极提供种业企业开拓国际市场及引进国际优良种质资源、先进育种技术和设备所需的资金。鼓励“走出去”种业企业综合运用贷款、股权融资等多种渠道融资。

七、加强政策落实和统计监测分析

中国人民银行各分支机构可根据辖区内实际情况，将金融机构贯彻落实支持种业发展情况纳入涉农信贷政策导向效果评估体系，指导金融机构加强对种业发展的支持。各金融机构要积极落实好各项政策措施，建立完善专项统计制度，加强对种业贷款的统计和监测分析。请中国人民银行各分支机构会同种业主管等有关部门将本通知转发至辖区内相关金融机构，鼓励金融机构制定具体管理办法或操作细则，做好贯彻落实工作。有关落实情况和问题由中国人民银行分支机构及时上报中国人民银行总行。

中国人民银行　农业部　中国银行业监督管理委员会
中国证券监督管理委员会　中国保险监督管理委员会
国家外汇管理局
2016年5月26日

国家农作物品种审定委员会关于印发《国家审定品种同一适宜生态区》的通知

国品审〔2016〕1号

各省、自治区、直辖市农作物品种审定委员会：

根据《种子法》和《主要农作物品种审定办法》的相关规定，为科学指导、规范同一适宜生态区省际间品种引种工作，国家农作物品种审定委员会各专业委员会制定了国家审定品种同一适宜生态区（详见附件），并经第三届国家农作物品种审定委员会第八次主任委员会会议审议通过。现将国家审定品种同一适宜生态区印发你们，请参照执行。

附件：1.国家审定稻品种同一适宜生态区
2.国家审定小麦品种同一适宜生态区
3.国家审定玉米品种同一适宜生态区
4.国家审定棉花品种同一适宜生态区
5.国家审定大豆品种同一适宜生态区

国家农作物品种审定委员会
2016年7月16日

附件1

国家审定稻品种同一适宜生态区

依据我国水稻种植区划和各种植区域的气候类型、生态条件、耕作制度、品种特性及生产实际等因素，国家审定稻品种同一适宜生态区划分如下。

一、华南早籼类型区

该区包括广东省（粤北稻作区除外）、广西桂南、海南省、福建省南部的双季稻区。本类型区品种全生育期125天左右。

二、华南感光晚籼类型区

该区包括广东省（粤北稻作区除外）、广西桂南、海南省、福建省南部的双季稻区。本类型区品种全生育期115天左右。

三、长江上游中籼迟熟类型区

该区包括四川省平坝丘陵稻区、贵州省（武陵山区除外）、云南省的中低海拔籼稻区，重庆市（武陵山区除外）海拔800米以下地区、陕西省南部稻区。本类型区品种全生育期155天左右。

四、长江中下游双季早籼早中熟类型区

该区包括江西省、湖南省、湖北省、安徽省、浙江省的双季稻区。本类型区品种全生育期110天左右。

五、长江中下游双季早籼迟熟类型区

该区包括江西省中南部、湖南省中南部、广西桂北、福建省北部、浙江省中南部的双季稻区。本类型区品种全生育期113天左右。

六、长江中下游中籼迟熟类型区

该区包括湖北省（武陵山区除外）、湖南省（武陵山区除外）、江西省、安徽省、江苏省的长江流域稻区以及浙江省中稻区、福建省北部稻区、河南省南部稻区。本类型区品种全生育期135天左右。

七、长江中下游双季晚籼早熟类型区

该区包括江西省、湖南省、湖北省、安徽省、浙江省的双季稻区。本类型区品种全生育期115天左右。

八、长江中下游双季晚籼中迟熟类型区

该区包括江西省中南部、湖南省中南部、广西桂中北、广东省粤北稻作区、福建省中北部、浙江省中南部的双季稻区。本类型区品种全生育期118天左右。

九、长江中下游单季晚粳类型区

该区包括浙江省、上海市、江苏省南部、安徽省沿江、湖北省沿江的粳稻区。本类型区品种全生育期150天左右。

十、武陵山区中籼类型区

该区包括湖北省西南部、重庆市东南部、贵州省铜仁地区、湖南省湘西自治州和张家界市的800米以下武陵山区稻区。本类型区品种全生育期150天左右。

十一、华北中粳中熟类型区（黄淮海粳稻）

该区包括江苏省淮北稻区、安徽省沿淮和淮北稻区、河南省沿黄及沿淮稻区、山东省鲁南稻区。本类型区品种作麦茬稻全生育期155天左右。

十二、华北中粳早熟类型区

该区包括河北省冀东及中北部稻区、北京市、天津市、山东省东营稻区。本类型区品种全生育期175天左右。

十三、北方中早粳晚熟类型区

该区包括辽宁省南部稻区、河北省冀东、北京市、天津市、新疆南疆稻区。本类型区品种平均全生育期为160天左右。

十四、北方中早粳中熟类型区

该区包括辽宁省北部稻区、吉林省晚熟稻区、宁夏引黄灌区、新疆北疆沿天山及南疆稻区、内蒙古赤峰稻区。本类型区品种全生育期155天左右。

十五、北方早粳晚熟类型区

该区包括辽宁省东北部稻区、吉林省中熟稻区、黑龙江省第一积温带上限、宁夏引黄灌区、内蒙古赤峰稻区。本类型区品种全生育期145天左右。

十六、东北早粳中熟类型区

该区包括黑龙江省第二积温带上限、吉林省早熟稻区、内蒙古兴安盟中南部地区。本类型区品种全生育期135天左右。

附件2

国家审定小麦品种同一适宜生态区

依据我国小麦种植区划和各种植区域的气候类型、生态条件、耕作制度、品种特性及生产实际等因素，国家审定小麦品种同一适宜生态区划分如下。

一、北部冬麦水地品种类型区

该区包括河北省境内长城以南至保定、沧州市中北部地区，北京市、天津市，山西省太原市全部和晋中、吕梁、长治、阳泉的部分地区。

二、北部冬麦旱地品种类型区

该区包括山西省阳泉、晋中、长治、吕梁、临汾和晋城的部分地区，陕西省延安市全部和榆林市的南部地区，甘肃省庆阳和平凉市全部、定西部分地区，宁夏固原市部分地区。

三、黄淮冬麦北片水地品种类型区

该区包括山东省全部、河北省保定市和沧州市的南部及其以南地区、山西省运城和临汾市的盆地灌区。

四、黄淮冬麦南片水地品种类型区

该区包括河南省除信阳市和南阳市南部部分地区以外的平原灌区，陕西省西安、渭南、咸阳、铜川和宝鸡市灌区，江苏和安徽两省淮河以北地区。

五、黄淮冬麦旱地品种类型区

该区包括山东省旱地，河北省保定市和沧州市的南部及其以南地区旱地，河南省除信阳市全部和南阳市南部部分地区以外的旱地，陕西省西安、渭南、咸阳、铜川和宝鸡市旱地，山西省运城市全部、临汾市和晋城市部分旱地，甘肃省天水市丘陵山地。

六、长江上游冬麦品种类型区

该区包括贵州省、重庆市全部，四川省除阿坝、甘孜州南部部分县以外的地区，云南省泸西、新平至保山以北和迪庆、怒江州以东地区，陕西南部地区，湖北十堰、襄阳地区，甘肃陇南地区。

七、长江中下游冬麦品种类型区

该区包括浙江省、江西省、湖北省、湖南省及上海市全部，河南省信阳全部与南阳南部，江苏和安徽两省淮河以南地区。

八、东北春麦晚熟品种类型区

该区包括黑龙江、内蒙古东北部。

九、西北春麦品种类型区

该区包括内蒙古中西部，宁夏全部，甘肃省兰州、临夏、武威及其以西的全部和甘南州部分地区，青海省西宁市、海东地区、柴达木盆地灌区及黄南州、海南州、海北州部分地区，新疆部分地区。

附件3

国家审定玉米品种同一适宜生态区

依据我国玉米种植区划和各种植区域的气候类型、生态条件、耕作制度、品种特性及生产实际等因素，国家审定玉米品种同一适宜生态区划分如下。

一、普通玉米、青贮玉米

（一）北方极早熟春玉米类型区

该区包括黑龙江省北部及东南部山区第四积温带，内蒙古呼伦贝尔市部分地区、兴安盟部分地区、锡林郭勒盟部分地区、乌兰察布盟部分地区、通辽市部分地区、赤峰市部分地区、包头市北部、呼和浩特市北部，吉林省延边州、白山市的部分山区，河北省北部坝上及接坝的张家口市和承德市的部分地区，山西省北部大同市、朔州市、忻州市、吕梁市海拔1 200米以上地区，宁夏南部山区海拔2 000米以上地区，甘肃省兰州市、定西市、临夏州和张掖市海拔2 000米以上地区。

（二）北方早熟春玉米类型区

该区包括黑龙江省中北部及东南部山区第三积温带，内蒙古呼伦贝尔市部分地区、兴安盟部分地区、乌兰察布盟部分地区、赤峰市部分地区、通辽市部分地区、包头市部分地区、呼和浩特市部分地区，吉林省延边州、白山市、通化市的部分山区，河北省北部接坝地区，宁夏南部山区海拔1 800～2 000米地区，山西省北部大同市、朔州市、忻州市、吕梁市、太原市、阳泉市海拔1 000～1 200米丘陵山区，甘肃省定西市、临夏州、酒泉市海拔1 800～2 000米地区。

（三）东华北中早熟春玉米类型区

该区包括黑龙江省第二积极温带，吉林省延边州、白山市的部分地区，通化市、吉林市的东部，内蒙古中东部的呼伦贝尔市扎兰屯市南部、兴安盟中北部、通辽市扎鲁特旗中部、赤峰市中北部、乌兰察布市前山、呼和浩特市北部、包头市北部早熟区，河北省张家口市坝下丘陵及河川中早熟区和承德市中南部中早熟地区，山西省中北部大同市、朔州市、忻州市、吕梁市、太原市、阳泉市海拔900～1 100米的丘陵地区，宁夏南部山区海拔1 800米以下地区。

（四）东华北中熟春玉米类型区

该区包括辽宁省东部山区和辽北部分地区，吉林省吉林市、白城市、通化市大部分地区，辽源市、长春市、松原市部分地区，黑龙江省第一积温带，内蒙古乌兰浩特市、赤峰市、通辽市、呼和浩特市、包头市、巴彦淖尔市、鄂尔多斯市等部分地区，河北省张家口市坝下丘陵及河川中熟区和承德市中南部中熟区，山西省北部大同市、朔州市盆地区和中部及东南部丘陵区。

（五）东华北中晚熟春玉米类型区

该区包括吉林省四平市、松原市、长春市的大部分地区、辽源市、白城市、吉林市部分地区、通化市南部，辽宁省除东部山区和大连市、东港市以外的大部分地区，内蒙古赤峰市和通辽市大部分地区，山西省忻州市、晋中市、太原市、阳泉市、长治市、晋城市、吕梁市平川区和南部山区，河北省张家口市、承德市、秦皇岛市、唐山市、廊坊市、保定市北部、沧州市北部春播区，北京市春播区，天津市春播区。

（六）黄淮海夏玉米类型区

该区包括河南省、山东省、河北省保定市和沧州市的南部及以南地区、陕西省关中灌区、山西省运城市和临汾市、晋城市部分平川地区、江苏和安徽两省淮河以北地区、湖北省襄阳地区。

（七）京津冀早熟夏玉米类型区

该区包括河北省唐山市、秦皇岛市、廊坊市、沧州市北部、保定市北部夏播区，北京市夏播区，天津市夏播区。

（八）西北春玉米类型区

该区包括内蒙古巴彦淖尔市大部分地区、鄂尔多斯市大部分地区，陕西省榆林地区、延安地区，宁夏引扬黄灌区，甘肃省陇南市、天水市、庆阳市、平凉市、白银市、定西市、临夏州海拔1 800米以下地区及武威市、张掖市、酒泉市大部分地区，新疆昌吉州阜康市以西至博乐市以东地区、北疆沿天山地区、伊犁州直西部平原地区。

（九）西南春玉米类型区

该区包括四川省、重庆市、湖南省、湖北省、陕西省南部海拔800米及以下的丘陵、平坝、低山地区，贵州省贵阳市、黔南州、黔东南州、铜仁市、遵义市海拔1 100米以下地区，云南省中部昆明、楚雄、玉溪、大理、曲靖等州市的丘陵、平坝、低山地区，广西桂林市、贺州市。

（十）热带亚热带玉米类型区

该区主要包括广西壮族自治区、海南省、广东省、福建省漳州以南地区、贵州省与广西接壤的低热河谷地带，云南省文山、红河、临沧、思茅、西双版纳、德宏等州市海拔800米以下地区。

（十一）东南春玉米类型区

该区包括安徽和江苏两省淮河以南地区、上海市、浙江省、江西省、福建省中北部。

二、鲜食甜玉米、鲜食糯玉米

（一）北方鲜食甜玉米、鲜食糯玉米类型区

该区包括黑龙江省第五积温带至第一积温带、吉林、辽宁、内蒙古、河北、山西、北京、天津、新疆、宁夏、甘肃、陕西等省（自治区、直辖市）年≥10℃活动积温1 900℃以上玉米春播种植区。

（二）黄淮海鲜食甜玉米、鲜食糯玉米类型区

该区主要包括北京市、天津市、河北省中南部、河南省、山东省、陕西省关中灌区、山西省南部、安徽和江苏两省淮河以北地区等玉米夏播种植区。

（三）西南鲜食甜玉米、鲜食糯玉米类型区

该区包括四川省、重庆市、贵州省、湖南省、湖北省、陕西省南部海拔800米及以下的丘陵、平坝、低山地区及云南省中部的丘陵、平坝、低山地区。

（四）东南鲜食甜玉米、鲜食糯玉米类型区

该区包括安徽和江苏两省淮河以南地区、上海市、浙江省、江西省、福建省、广东省、广西壮族自治区、海南省。

三、爆裂玉米

爆裂玉米类型区包括黑龙江、辽宁、吉林、内蒙古、河北、山西、陕西、宁夏、甘肃、新疆、河南、山东等省（自治区）年≥10℃积温2 700℃以上的玉米种植区。

附件4

国家审定棉花品种同一适宜生态区

依据我国棉花种植区划和各种植区域的气候类型、生态条件、耕作制度、品种特性及生产实际等因素，国家审定棉花品种同一适宜生态区划分如下。

一、黄河流域棉区

该区气温≥10℃持续期196～230天，活动积温3 800～4 900℃，包括山东省、河北省（除长城以北）大部、河南省（除南阳、信阳两个地区）大部、山西省南部、天津市、江苏和安徽两省淮河以北地区、陕西省（除汉中地区以外）大部。

二、长江流域棉区

该区气温≥10℃持续期220～300天，活动积温4 600～5 900℃，包括上海、浙江、江西、湖北和湖南5省市的全部，江苏和安徽两省淮河以南地区、四川盆地、河南省南阳和信阳地区。

三、西北内陆棉区早熟品种类型区

该区≥10℃积温2 900～3 800℃，包括新疆天山北坡、准葛尔盆地西南缘、古尔班通古特沙漠以南的北疆棉区，塔里木盆地西部和西南沿山一带的南疆部分棉区，准葛尔盆地南部和南北疆零星地区，甘肃河西走廊，内蒙古西部。

四、西北内陆棉区早中熟品种类型区

该区≥10℃积温4 100～5 400℃，包括新疆天山东段吐鲁番盆地、南疆塔里木河盆地周围、东疆哈密地区。

附件5

国家审定大豆品种同一适宜生态区

依据我国大豆种植区划和各种植区域的气候类型、生态条件、耕作制度、品种特性及生产实际等因素，国家审定大豆品种同一适宜生态区划分如下。

一、北方春大豆超早熟品种类型区

该区包括黑龙江省第六积温带及内蒙古大兴安岭东麓近山地区。

二、北方春大豆极早熟品种类型区

该区包括黑龙江省第五积温带、内蒙古大兴安岭以东冷凉地区、新疆阿勒泰山区的部分地区。

三、北方春大豆早熟品种类型区

该区包括黑龙江省第四积温带及三、四积温带过渡区域，内蒙古大兴安岭以东嫩江流域的传统农区、通辽市和赤峰市的北部山区，吉林省延边市、白山市的高寒山区，新疆阿勒泰山区、萨吾尔山谷地、两河间平原、塔城盆地、伊犁河谷丘陵区及北疆沿天山一带东部的部分地区。

四、北方春大豆中早熟品种类型区

该区包括黑龙江省第二积温带，内蒙古大兴安岭东南、赤峰市丘陵山地，吉林省延边州和白山市大部分地区、吉林市部分地区，新疆伊犁河谷西部、博尔塔拉谷地、北疆沿天山一带东部的部分地区。

五、北方春大豆中熟品种类型区

该区包括吉林省长春市全部，通化市、松原市、吉林市的大部分地区及辽源市、延边州的部分地区，内蒙古东部温和区、土默川及河套平原，宁夏南部山区，山西省朔州市西北部、忻州市西部地区，新疆伊犁新源县部分区域、北疆乌伊公路沿线及昌吉州的部分地区。

六、北方春大豆中晚熟品种类型区

该区包括吉林省四平市、辽源市大部分地区，长春市部分地区，辽宁省东北部山地冷凉地区，内蒙古西辽河平原、河套平原灌溉区和阿拉善高原绿洲地区，河北省承德市部分地区，山西省大同市、朔州市、忻州市部分地区，宁夏引扬黄灌区，甘肃省河西走廊及兰州市、临夏州、定西市的部分地区，新疆伊犁河谷西部、博尔塔拉谷地及北疆沿天山一带的部分地区。

七、北方春大豆晚熟品种类型区

该区包括辽宁省辽河平原温暖湿润地区，河北省唐山市、秦皇岛市、张家口市、承德市的部分地区，山西省临汾、晋城、长治、阳泉、晋中、吕梁、忻州、太原的部分地区，陕西省关中以北的部分地区，甘肃省沿黄灌区的白银和兰州、定西以及陇东等地的部分地区，宁夏引扬黄灌区。

八、黄淮海夏大豆北片品种类型区

该区包括北京市中部和南部、天津市、河北省中部。

九、黄淮海夏大豆中片品种类型区

该区包括山西省南部、河南省中西部和北部、河北省南部、山东省中部、陕西省关中地区。

十、黄淮海夏大豆南片品种类型区

该区包括山东省南部、河南省东部和南部、江苏和安徽两省淮河以北地区。

十一、长江流域春大豆品种类型区

该区包括四川盆地及中东部地区、重庆市大部分地区（除武陵山区）、湖北省除鄂西山区以外地区、湖南省中北部、江西省中北部、江苏和安徽两省沿江地区、浙江省。

十二、长江流域夏大豆早中熟品种类型区

该区包括重庆市、湖北省、湖南省中北部、江西省中北部、安徽省沿江地区。

十三、长江流域夏大豆晚熟品种类型区

该区包括四川盆地及丘陵地区、湖南省中南部、江西省南部、江苏省南部、浙江省。

十四、南方鲜食大豆春播品种类型区

该区包括长江中下游及以南地区。

十五、南方鲜食大豆夏播品种类型区

该区包括除西南山区以外的长江中下游及以南地区。

十六、热带亚热带地区春大豆品种类型区

该区包括广东省、广西壮族自治区、福建省、海南省、江西省南部、湖南省南部。

十七、热带亚热带地区夏大豆品种类型区

该区包括广东省、广西壮族自治区（桂林市北部山区除外）、福建省（武夷山区除外）、海南省、江西省南部、湖南省南部。

图书在版编目（CIP）数据

2017年中国种业发展报告 / 农业部种子管理局，全国农业技术推广服务中心，农业部科技发展中心编．—北京：中国农业出版社，2017．9

ISBN 978-7-109-23381-2

Ⅰ．①2… Ⅱ．①农… ②全… ③农… Ⅲ．①种子-农业产业-研究报告-中国-2017 Ⅳ．①F326．1

中国版本图书馆CIP数据核字（2017）第231230号

中国农业出版社出版

（北京市朝阳区麦子店街18号楼）

（邮政编码 100125）

责任编辑 刁乾超 张凌云 王 凯

北京通州皇家印刷厂印刷 新华书店北京发行所发行

2017年12月第1版 2017年12月北京第1次印刷

开本：889mm×1194mm 1/16 印张：10

字数：220 千字

定价：180.00元

（凡本版图书出现印刷、装订错误，请向出版社发行部调换）